파스칼의 인간 연구

파스칼의 인간 연구

미키 기요시 지음

윤인로 옮김

도서출판 b

| 차 례 |

서문

　교양과 취미가 있는 프랑스인에게 그들 나라의 문화를 알기 위해 특별히 읽어야 할 세 권의 책을 제시해달라고 요구한다면, 아마 많은 이들이 주저 없이 라퐁텐의 『파브르』, 라브뤼예르의 『카락테엘』과 몽테뉴의 『에세』를 추천할 것이다. 그리고 만약 그가 식견과 이해를 가진 사람이라면 그는 그 책들에 더해, 아니 오히려 그것들에 앞서 파스칼의 『팡세』를 잊지 않을 것이다.[1] 주의 깊은 독자는 저 책들의 제목을 들으면서 이미 그것들의 공통점이 무엇인지를 살폈음에 틀림없다.

‥

1. [『파브르』(Fables Choisies, 우화 선집, 전 12권, 1668~94), 『카락테엘』(Caractères, 그리스어에서 옮긴 테오프라스트의 성격론 및 금세기의 성격 또는 풍습론, 1688), 『에세』(Essais, 수상록, 전 3권, 1580~1588), 『팡세』(pensées, 종교 및 기타 주제에 대한 파스칼 씨의 생각들, 1670)].

서로 다른 배경을 갖는, 서로 다른 시점을 내장한 그 책들은 한결같이 '인간의 연구'를 목표로 하고 있다. 인간의 연구는 파스칼의 사상의 역사에 있어서 오랜 전통을 갖는다.

이 작은 저술은 파스칼의 인간 연구에 관한 것이다. 나는 특히 인간이라는 것을 강조하지 않을 수가 없는데, 그에 따라 첫째로 연구 대상을 한정하고자 한다. 다방면에 걸친 파스칼의 풍부한 사상 속에서 내가 다룰 것은 무엇보다도 인간에 관한 그의 사상이다. 『팡세』의 주된 목적이 종교적인 것에 있다는 것은 의심의 여지가 없다. 그러나 나는 그의 종교사상을 가장 특색 있게 하는 것이 인간에 대한 그의 관찰에 있다고 보는 견지에서, 여기에선 다만 인간에 대한 관찰에 관련되는 한도 안에서 그의 종교사상을 논하는 것으로 만족하려 한다. 둘째로 인간이라는 말은 파스칼의 고찰 방식 그 자체에 대한 규정이 될 것이다. 우리는 이제 사람들이 말하는 것처럼 『팡세』에서 심리학을 발견할 수 있다고 믿어서는 안 된다. 아리스토텔레스의 『데 아니마[De Anima, 영혼론]』를 심리학 저서로 간주하는 것을 그만둬야 하는 것과 마찬가지로, 사람들은 파스칼의 책을 심리학으로 고찰하는 일을 그쳐야 할 것이다. 혹시 그 책들에 굳이 심리학이라는 이름을 부여하려고 한다면 사람들은 심리학의 개념으로 자신들이 정확히 무엇을 의미하는지를 미리 설명해야 할 것이다. 『팡세』에서 우리가 만나게 되는 것은 의식이나 정신의 연구가 아니라 오히려 구체적인 인간에 관한 연구, 즉 문자가 갖는 뜻 그대로 **안트로폴로기** [Anthropology, 인간학]이다. 안트로폴로기는 인간의 존재에 관한 학문이다. 그것은 인간 존재의 '존재 방식'을 연구한다. 이런 학문에 우리는 일반적으로 존재론이라는 이름을 붙이므로, 안트로폴로기는 하나의 존재론이다. 『팡세』를 생生의 존재론으로 다루려는 것이 나의 주된 계획이었다.

나는 파스칼을 해석하면서 의식적으로 하나의 방법을 사용했다. 그것을 가장 평이한 형식으로 드러내면 이렇다. 개념이 주어진 곳에는 그것의 기초경험을, 기초경험이 주어진 곳에는 그것의 개념을 분명히 하는 것이 해석이다. 어떤 책은 너무 많은 경험과 너무 적은 개념으로 되어있고, 이때 우리는 그 경험들을 구성해 개념으로까지 높이는 일에 유의하지 않으면 안 된다. 다른 어떤 책은 너무 많은 개념과 너무 적은 경험으로 되어있고, 이때 우리는 그 개념들을 파괴해 경험으로까지 거슬러 소급하는 일에 노력을 기울이지 않으면 안 된다. ─그렇게 함으로써만 이해는 완전할 수 있을 것이다. 이런 뜻에서 모든 해석은 중용의 입장에 서야 할 것이다. 파스칼에 대한 이 책에서의 해석은 늘 그러한 사상에 따라 인도되고 있다. 그러므로 예컨대 제1장 「인간의 분석」이 너무 개념적이라고 의아하게 여기거나 제2장 「내기」가 개념적이지 않은 것을 괴이하게 여겨서는 안 된다. 왜냐하면 1장 속에서 다뤄지는 사항에 관련해서는 파스칼의 논의 속에 개념이 너무 적고 2장의 문제에 관련해서는 많은 사람들이 지나치게 개념적으로 취급하는 것을 보면서, 나는 중용의 입장을 찾는 것을 특히 명확하게 실행하지 않으면 안 되었기 때문이다. 경험을 개념에 비추어, 개념을 경험에 비추어 이해하는 것이 내 해석의 방침이었다.

모든 책은 그것이 완성된 뒤에는 저자로부터 떨어져 독립된 운명을 가지고 존재하게 된다. 저자는 그의 책이 향유하는 모든 운명을 사랑해야 한다. 나는 내 책이 내키는 대로 읽히고 생각대로 이해되는 것에 만족한다. 이 책이 다양하게 읽히고 이해될 수 있는 성질을 각별히 많이 지니고 있는 것은 나 자신이 알고 있다. 그렇지만 이 작은 책 한 권을 그 자신의 운명을 경험하도록 세상에 내놓는 지금, 저자로서의 내게 무언가 말하는 것이 허락된다면 독자를 향해 다음과 같이 일러두고 싶다. 나는 우선 이 책이 하나의 전체로서, 부여된 순서에 따라 읽히기를 희망한다. 물론 여기에 실려 있는 여섯 개의 논문은 각각 그 자체로서 독립해 있지만, 그것들은 전체로서 하나의 구조를 갖고, 더구나 앞의 것은 뒤의 것에 의해 보완되며 뒤의 것은 앞의 것에 의해 준비되도록 배열되었다. 그리고 이 순서는 동시에 내 마음속에서 파스칼이 성장해 가는 과정을 뜻하는 것이기도 하다. 다음으로, 나는 이 책이 무엇보다도 학문적인 것으로 이해되길 희망하지 않을 수 없다. 우리가 말하는 존재론, 특히 생의 존재론 곧 안트로폴로기에 관한 원리적인 문제는 물론 여기선 논의되고 있지 않지만, 그것을 포착할 수 있는 하나의 가능한 형태는 파스칼을 통해 탐지될 수 있을 것이다. 생각건대 안트로폴로기는 단순히 우리들이 자각적으로 살기 위해 필요할 뿐만 아니라 다른 모든 학문, 소위 정신과학 또는 문화과학으로 불리는 학문의 기초에 있는 것이다. 적어도 나는 그런 확신으로부터 파스칼 연구에 뜻을 두었다. 이 책이 그런 한층 더 원리적인 문제에 대해 조금이라도 독자의 주의와 흥미를 환기시키는 기회를 만들 수 있다면 다행일 것이다.

나는 이 처녀작을 공표함에 있어서 여러 선생님, 여러 선배, 여러 동학에게 평소의 존경과 우정을 표명하고 싶다. 특히 오치아이 타로우 씨에게 이번에 여러 신세를 졌다. 내 저술과 특별한 관계에 있는 이와나미 서점의 이와나미 시게오 씨에게 여기서 뜻깊은 감사를 드리는 것은 나를 기쁘게 하는 의무의 수행일 것이다.

1926년 5월 11일

교토에서

미키 기요시

부기: 블레즈 파스칼의 『팡세』는 현재 가장 널리 쓰이는 브륀슈빅Brunschvicg 씨의 번호 첨부에 따라 인용하고 그 번호를 표기했다. 그 이외의 인용문은 모두 Grands Écrivains de la France[프랑스 대문회] 총서로 출간되어 있는 파스칼의 저작집에 의거했고, 그 권수 및 쪽수[예컨대, (IV, 50)]가 표시되어 있다.

제1장 **인간의 분석**

1

    파스칼의 사상에서 중심적인 의의를 갖는 것은 '인간'의 개념이다. 인간에 관한 그의 견해, 독자적 방법에 의거한 특수한 견해가 그의 사상에 선명한 개성과 광채를 주었다. 그는 격렬함과 아름다움, 두려움과 연민을 갖고 인간이란 무엇인가라는 질문을 추구했다. 그렇지만 그 질문은 오랜 세월에 걸친 학문의 전경前景에서 끄집어내진 것이었다. 잊혔던 그 질문을 상기하는 것은 현재 우리들의 학문에 있어서 피할 수 없는 긴급한 일일 것이다. 파스칼은 『팡세』의 1절에서 말한다. "나는 추상적인 학문 연구로 오랜 세월을 보냈다. 그러나 그런 연구를 공유하는 것은 소수의 사람들뿐이라는 것에 싫증을 느꼈다. 인간 연구l'étude de l'homme를 시작했을 때 나는 추상적 학문이 인간에게 적합한 것이 아니며, 또 그 안에 깊이 들어갔을 때 오히려 그것을 모르는 사람들보다 나의 현 상태에 대해 더 혼미해짐을 깨달았다. 나는 사람들이 추상적인 학문을 몰라도 무방하다고 생각하게 되었다. 적어도 인간 연구를 통해 많은 친구들을 발견할 수 있을 것이고 또 그것이야말로 인간에게 적합한 참된 연구라고 믿게 되었다. 그러나 나는 속았다. 인간을 연구하는 사람들은 기하학을 연구하는 사람들보다도 그 수가 적었다."(144) 이런 파스칼의 고백은 내게 하나의 중대한 제의일 수밖에 없었다.

그렇다면 여기서 말하는 '인간'이란 어떤 인간이었던가. 우리는 일반적으로 믿고 있는 것처럼 파스칼을 예리한 지각과 섬세한 정감을 타고난 우수한 심리학자라고 여기는 것으로 만족해서는 안 된다. 그가 문제시한 인간이란 심리학자의 의식이나 정신이 아니었다. 심리학, 그 이외 자연과학 내지 문화과학 연구의 모든 이름에 있어서 인간이란 이미 대상화된 인간이다. 그런데 파스칼이 다루는 인간은 대상이 아니라 존재이다. 그것은 인식주체에 대해 성립하는 객관이라는 것과 같지 않으며, 존재 중에서 특수한 존재이다. 그것은 여러 가지 과학의 대상계를 구성한다고 간주되는 순수자아 같은 선험적 자아와도 동일하지 않다. 심리학 또는 인식론에서 논의되고 있는 것은 어떤 뜻에선 이념으로서의 인간인 데 반해, 파스칼이 검토하는 인간은 절대적으로 구체적인 현실이다. 파스칼이 말하는 인간의 연구는, 전통적인 말로 드러내면 creatum이라고 불러야 할 ens로서의 인간적 존재[ens creatum, 신의 피조물, 창조된 존재]였다. 사람들은 그가 마음이나 영혼에 관해 말하는 것을 들으면서 즉각 심리학 용어를 연상하는 것을 삼가지 않으면 안 된다. 왜냐하면 그것들은 객관화되어 고립된 것이 아니라 인간적 존재의 존재성 개념이기 때문이다. 영혼이나 마음은 인간 존재의 특수한 존재론적 규정, 혹은 그 존재의 두드러진 의미에 있어서 존재의 방법 그 자체의 개념이다. 파스칼의 연구는 실로 인간적 존재의 분석과 해석을 겨냥하고 있다.

무릇 우리의 존재는 '자연에서의 존재'이다. 자연에서의 우리들 존재는 '중간자milieu'이다. 이는 무엇을 뜻하는가. 전체의 자연을 그 높이와 그 크기에서 바라보자. 이때 나는 우주를 비추는 영원한 조명등 같이 눈부신 빛을 보는 것이다. 그 위로 그려진 천구 속에서 우리들의 지구는 마치 하나의 점으로 나타날 것이다. 이 천구 또한 푸른 하늘을 회전하는 여러 별들을 껴안은 광대한 천구에 비해서는 여전히 칼끝 같은 점 하나에 지나지 않을 것이다. 나는 그 각각이 그의 푸른 하늘, 그의 혹성, 그의 지구를 가진 우주의 무한을 상상한다. 그렇긴 하지만, 또한 나는 이 지상에서의 동물을, 동물 속의 진드기를, 이 진드기의 관절로 된 정강이를, 이 정강이 속의 혈관을, 이 혈관 속의 피를, 이 피 속의 액체를, 이 액체 속의 방울을, 이 방울 속의 증기를 발견한다. 이렇게 나간다면 종국에 나는 허무와도 같은 가장 미소微小한 것 속에서 스스로를 잃어버릴 것이다. 우리들의 신체는 우주 전체 속에선 지각할 수 없을 정도의 것이지만, 우리들이 도저히 도달할 수 없는 허무에 대해 우리들의 신체는 하나의 거대한 물체, 하나의 세계, 차라리 전체일 것이다. 이리하여 자연 속의 인간이란 "무한에 비하면 허무이고, 허무에 비하면 전체인바, 그것은 무無와 전체 사이의 중간자이다."(72) 파스칼의 이런 관찰은 감상적인 것이 아니라 근본적이며, 영탄적인 것이 아니라 원리적이다. 인간이 중간자라고 말하는 것은 존재에 있어서 우연한 규정이 아니라 피조물로서의 운명을 맡은 인간의 필연적 상태에 속한다. 중간자라는 이름은 인간성 그 자체에 관한 기본적 표현이다. 우리가 중간적 존재라고 말하는 것은 우리가 자연 속의 존재라는 거절하기 어려운 사실과 함께 주어진 존재의 특성인 것이다.[1]

· ·
1. 인간의 존재를 여러 의미에서 중간자로 생각하는 것은 고전적인 철학에서 거듭 드러난다. 여기서 나는 데카르트가 인간을 'medium'이라고 부르고 있음을 환기하는 것에 머물려고 한다(Descartes, *Meditationes*[성찰록], IV).

나는 처음부터 하나의 오해를 막아놓지 않으면 안 된다. 인간에 관한 위의 규정이 물리적인, 특히 기하학적인 색채를 띠고 있는 것은 의심할 수 없다. 그러나 그런 이유로 위의 내용을 인간적 존재의 물리적·기하학적 규정으로 보는 견해는 그릇된 것이다. 물론 파스칼이 천재적인 기하학자 또는 물리학자였던 것은 두루 아는 사실이다. 그렇지만 인간이 중간자라고 말하는 것은 그가 기하학의 인식을 따라 결정했던 것이 아니라 오히려 기하학자로서의 그의, 인간으로서의 반성을 따라 비로소 이해되었던 것이다. 그 자신의 말을 따르면, 그는 인간을 정의함에 있어서 "자연적인 지식connaissances naturelles"에 호소함으로써 그것이 우리를 어디로 이끌어갈지를 보았다. 그런 지식은 그것에 대한 믿음이 없이는 우리들이 생존할 수 없는 것으로서, 말하자면 인간에 있어서 가장 시원적인 진리이다. 그래서 그는 사람들이 자연의 장엄함과 과학적인 연구에 들어가기에 앞서 먼저 진지하고 소박하게 자연을 관찰함으로써 인간의 상태를 이해하길 원했다(72). 이리하여 파스칼의 자연이 대상적 자연계를 의미할 수 없다는 것, 그 허무가 단순히 비존재 또는 비개념으로 말해질 수 없다는 것도 명료하다. 그는 자연의 극소함과 자연의 광대함은 사람을 놀라게 하는 것이라고 말한다. 그는 우주에 있어선 족히 말할 거리가 못되는 인간이 허무에 비해서는 전체인 것을 누가 경탄하지 않을 것인가라고 하면서 사람은 무한과 허무의 불가사의를 응시하고는 전율할 것이라고 쓰고 있다. 자연과 허무는 마치 우리들에게 경악과 감탄, 공포와 전율을 환기시키는 장소 같은 존재이다. 우리가 자연 속의 존재이고 중간적 존재인 것에 즉하여, 공포나 전율, 경악이나 감탄은 우리들 존재 그 자체에 속한다. 실제로 나는 내가 그저 단순히 세계 속에 있다는 것에 의해 사람들이 우주적 감정이라고 부르는 것을 느낀다. "이 무한한 공간의 영원한 침묵이 나를 두렵게 한다"(206)라고 파스칼은 속삭인다. 저물녘의 어둠은 나를 비애로 이끌어 넣고 밤의 어둠은 나를 불안에 빠지게 한다. 보통 정서·감정으로 간주되고 있는 그것들 전부는, 이 경우 심리학 개념이 아니라 오히려 인간의 존재론적인 본원적 규정이다. 따라서 나는 그것을 인간적 존재의 상태성이라고 이름 붙이려 한다. 그것은, 파스칼의 빛나는 말을 이용하자면 인간의 'conditions'이다. 상태성이란 바로 세계 속 우리들의 '존재의 방법' 또는 세계에 대한 우리들의 '대면의 방법'에 다름 아니다. 인간은 세계 속에 있는 동시에 어떤 상태성에 있다. 그리고 이 상태성에 의해 세계의 존재는 우리들에게 현실적인 것으로 되는 것이다. 그런데 상태성은 세계를 대상화하는 것이 아니라 오히려 세계를 소유한다. 그리고 이 소유의 관계에서 인간적 존재의 현실성의 최초 형태가 성립한다. 인간이 현실적 존재라고 말하는 것은 인간이 세계 속의 존재라고 말하는 것과 동시에 주어진 근본적 규정이다. 세계의 존재와 인간의 상태성 간의 관계는 직접적인 것인바, 말하자면 우리들은 세계를 느끼는 것에 즉하여 자기를 느끼는 것이다. 사람들은 자신이 무한과 허무라는 두 심연 사이에서 지탱되고 있는 것을 볼 때 그들 자신에 대해 공포를 품을 것이라고 파스칼 또한 말한다. 곧 세계를 소유하는 것은 즉시 자기를 소유하는 것이다. 이렇게 세계로 향한 상태성이 필연적으로 반동하여 자기에 관계하는 곳에서 인간적 존재의 최초의 '[운]동성'[2]이 나타난다고 할 수 있다. 우리들은 상태성에 의해 세계를 바로 소유하고 있기 때문에, 세계의 존재는 추론에 의해 비로소 단정되는 것이 아니라 오히려 단순히 '거기에 있다'라고 하는 성질을 담아온 것이다. 세계의 그런 성질은 마치 범주적인 소유에 의해 성립한 듯 보이기에 그런 성질을 이유로 세계를 단순한 현상으로 간주하면서 그 본체를 찾는 것은 무의미할 것이다. 세계는 본체도 아니고 현상도 아니다. 그것은 특수한 존재의 존재방법일 뿐이다. 우리들은 '존재'가 무엇보다도 대상적 범주라고 생각하는 편견에서 벗어나야 한다.

· ·
2. [원문의 "動性"을 옮긴 것이 '[운]동성'이다. 이하 가독성을 위해 모두 '운동성'으로 표기한다.]

자연을 대상화하는 것이 아니라 그것이 현실적으로 되는 여러 가능성들을 밝혀야 한다. 그런 가능성들 중의 하나를 가리키는 이름이 상태성이다. 존재는 최초부터 그리고 시원적으로 특수한 소유를 의미한다. 자연은 우리들과 교섭하고 우리들이 교섭하는 존재이다.[3]

그렇게 인간의 존재는 자연 속의 존재로 규정되었지만 정작 우리들은 어떻게 그 가장 형식적인 규정을 채워 나갈 것인가. 존재로서의 인간을 연구하는 것에서 시작된 관찰은 인간의 존재성에 대한 연구를 향해 간다. 인간의 존재는 현실적 존재다. 그 존재가 세계를 소유하면서 세계는 그 존재와 함께 거기에 있다. 인간의 존재성이라는 것은 그 존재의 고조

· ·

3. 파스칼이 말하는 자연은 단순히 상태성에 관련된 존재인 것만이 아니라, 실로 인간의 교섭에 관계하는 존재였다. 그는 말한다. "인간은 그가 알고 있는 모든 것에 관계를 갖는다. 그는 자기를 수용하기 위한 장소를, 지속하기 위한 시간을, 살아가기 위한 운동을, 구성하기 위한 원소를, 양생하기 위한 열과 음식을, 호흡하기 위한 공기를 필요로 한다. 그는 빛을 보고, 그는 물체를 느낀다. 요컨대 모든 것은 그와의 교섭적 관계의 토대로 놓인다."(72) 교섭은 인간이 세계를 소유하는 하나의 방법에 다름 아니다. 우리에게 세계는 시원적으로, '[~에] 대해서 있는' 존재가 아니라 '[~을] 위해서 있는' 존재이다. 그것은 대상계가 아니라 교섭계, 그리스적으로 드러내면 ὂν ὡς πράγμα[~을 위한 실행·실천]인 것이다.

된 의미, 탁월한 의미에서의 존재의 방법이다. 파스칼은 그것을 일반적으로 '영혼靈, âme'이라 부른다. 그에 따르면 인간 영혼의 형식적 규정은 '중간자'라고 하는 데에 있다. 양극 사이의 중간에 있는 상태는 영혼의 모든 능력에서 발견된다. 우리들의 감각 기관은 극단적인 어떤 것도 지각하지 않는바, 너무 많은 소리는 귀를 먹먹하게 하고, 너무 많은 빛은 눈을 부시게 하고, 너무 멀거나 가까운 접근은 시각을 방해하고, 너무 길거나 짧은 말은 뜻을 불명료하게 하고, 너무 많은 진리는 우리를 경악케 하며, 제1원리는 우리에게 지나친 확증을 갖게 하고, 너무 많은 쾌락은 싫증을 일으키며, 너무 많은 화음은 음악에 있어서 불쾌함이고, 너무 많은 은혜는 사람을 화내게 한다. 모든 극단적인 것들은 우리에게 전혀 없는 것과 마찬가지다. 또는 그것들에게 우리는 전혀 없는 것과 마찬가지다. 이와 같이 그 존재에 있어서 중간자로 있는 인간은 그 존재성에 있어서 또한 중간자인 것이다. "우리의 예지는 우리의 신체가 자연의 공간 속에서 차지하는 것과 동일한 지위를 예지적인 것들의 질서 속에서 차지한다."(72) 이 관찰은 때때로 잘못된 인식론적 해석의 대상이 될 수 있는 것이 아니다. 그것은 대상의 인식에 관계하는 것이 아니라 오히려 인간의 특수한 존재 방법에 관계한다. 이 경우, 지각과 사유 등으로 말해지는 것들도 세계 속 인간의 다양한 존재방법에 다름 아닌 것이다. 중간적 상태는 우리가 세계와 대면하는, 혹은 우리가 세계를 소유하는 방법의 형식적인 규정이다. 그 존재성을 중간자라고 말하는 것은 피조물로서의 인간에 필연적으로 속하므로 파스칼은 "중간적 상태를 벗어나게 되는 것은 인간성을 벗어나게 되는 것이다"(378)라고 쓰고 있다. 곧 중간자의 개념은 특히 존재론적 개념인 것이다.

그렇지만 인간의 존재가 중간적 존재라는 것은 그 존재가 평형을 유지하고 있는 존재라는 것을 뜻하지 않는다. 중간자인 것에 의거해 말하자면, 인간은 물리적·역학적 지점에 서있는 존재가 아니다. 차라리 중간적 존재라는 것은 '불균형dis-proportion'을 표현한다. 확실히 극단적인 그 어떤 것에도 우리는 한결같지 않다. 양극을 이루는 무한과 허무는 고정된 것이 아닌데, 파스칼에 따르면 그것들은 흡사 '심연'이고 '불가사의'이다. 따라서 세계 속에 있는 인간의 존재에 수반되는 근원적 상태성은 공포이며 전율이다. 우리들은 두 개의 심연 사이에서 두려움과 떨림으로 인해 편안할 곳을 알지 못한다. 게다가 그 두 개의 불가사의에 빛을 던지는 것이란 우리에겐 허락되지 않은 것이다. 왜냐하면 우리들 영혼의 모든 능력은 지나치게 큰 것, 지나치게 작은 것, 지나치게 먼 것, 지나치게 가까운 것 중 어느 것도 이해할 수 없기 때문이다. 인간의 존재성이 중간자라는 것은 우리를 무지와 불확실 속에 놓는다. 그러니

까 "우리는 언제나 불확실하게 떠다니면서 한쪽 끝에서 다른 쪽 끝으로 떠밀려, 광대한 중간의 파도 위를 표류한다."(72) 중간자로서의 인간이 "올바른 중간le juste milieu"(82)을, 즉 안정된 균형을 얻는 것은 파스칼에 따르면 주어지는 것所與이 아니라 반대로 과제이다. 더구나 이 과제는 우리에겐 우연적으로가 아니라 우리가 중간적 존재라는 것에 의해 필연적으로 되고 있다.[4] 그 자체로 우리의 존재는 안정이나 균형 없이 이곳저곳으로 움직일 수 있는 것이다. 그런 운동성이야말로 인간적 존재의 가장 근본적인 규정이다. 인간이란 운동하는 존재이다.

4. 이 경우, 『팡세』 단편 532번, 특히 353번에 주목해야 한다. 아리스토 텔레스의 μεσότης[중용] 개념도 인간의 행위가 그 상태에 있어서 언제나 많음과 적음으로 기운다는 존재론적 규정에서 도출되고 있다. [『팡세』 단편 353번: "극도의 용맹과 극도의 인자함을 가졌던 에파미논다스처럼, 용맹성과 같은 어떤 과도한 덕(德)이 그 반대되는 과도한 덕을 가지고 있지 않으면 나는 이것을 찬양하지 않소 (…) 사람이 자신의 위대함을 보여주는 것은 어떤 극단에 도달함으로써 가 아니라 동시에 두 극단에 닿을 때, 그리고 양자의 중간을 충분히 채울 때요."]

2

인간의 구체적 존재성 개념은 '생生, vie'이다. 나는 이미 현실적 존재가 운동하는 존재라는 것을 보았다. 생이라는 것은 이 운동의 도구성의 개념이다. "우리의 본성은 운동에 있다, 전적인 쉼은 죽음이다."(129) 운동 개념은 시간 개념과 동시에 주어지지 않으면 안 된다. 생이라는 것은 실로 시간성에 관계하여 이해된 현실적 존재의 존재성 개념이다. 여기서 말하는 시간이란 애초부터 물리적인, 단순히 심리적인 시간을 가리키지 않는다. 오히려 그것은 우리들 존재의 '관심occupations'에 의해 규정되는 시간이다. 그것은 시계로 측량되는 시간이 아니라, 권태와 함께할 때는 긴, 흥미와 함께할 때는 짧은 지속이다(5). 파스칼은 『팡세』 단편 172번에서 그런 시간의 규범적 분석을 시도하고 있다. 구체적인 시간은 관심의 관계에 의해 기초되고 있기 때문에 시간에 있어서 가장 중요한 의의를 갖는 것은 미래이다. 일반적으로 우리들은 어떤 일들을 실현하기 위해 관심을 기울인다. 따라서 우리는 그 오고 있음을 재촉하긴 하지만 너무 느리게 오는 것으로서 미래를 예측한다. 또한 우리의 관심은 지나가버리지 않게 정지시키기 위하여 너무 빠르게 지나가는 것으로서 과거를 상기한다. 그뿐만 아니라 미래를 향한 관심은 이를 지배하기 위해 과거를 회고

한다. 우리는 현재에 관해서는 전혀 생각하지 않는다. 만약 우리가 현재에 관해 생각하고 있다면 그것은 미래를 처리하기 위해 현재로부터 빛을 취하려는 것에 다름 아니다. 현재라는 것은 보통 우리를 상처주고 괴롭히는 것이기 때문에 우리는 현재를 눈앞에서 숨기려고 한다. 만약 현재가 우리에게 즐거운 것이라면 우리는 현재가 지나가는 것을 보며 한스러워할 것인데, 이 경우는 우리가 미래에 의거해 현재를 유지시키려 노력하는 것이므로 우리의 관심에 있어서 주요한 시간은 끝내 미래인 것이다. 이리하여 "현재는 결코 우리의 목적이 아니다. 과거와 현재는 우리의 수단이고 단지 미래만이 우리의 목적이다."(172) 사람은 그의 공포, 욕구, 희망을 모두 미래 속으로 던져 넣는다. 현실적 시간의 양태가 그러한 인간의 관심에 의해 특색이 부여되고 있다는 것은, 좀 더 근본적으로 보면 시간의 계기가 실로 인간이 가진 관심의 관계에 의해 결정되고 있다는 것을 뜻한다. 이 관심에 의해 운동하게 되는 한, 인간의 존재는 말하자면 항상 길 위途上에 있는 존재이다. 따라서 우리는 현재를 확실하게 파지하는 것이 아니다. "각자는 자기의 의식을 음미할 때, 그것이 전부 과거와 미래에 사로잡힌 관심이라는 것을 발견할 것이다."(172) 우리는 다만 우리에게 속하는 것, 즉 현재를 전혀 고려함 없이 오로지 이미 있지 않은 과거와 앞으로 있어야 할 보증을 갖지 못한 미래에 집착하면서 시간 속을 방황하며 걷는다. 인간 존재의 불안은 그 지반에 마땅히 있어야 할 현재의 생, 그 살아있는 순간으로부터 그를 앗아간다. 인간적 존재의 운동성은 그 자체로는 생의 충실을 가져오지 못하며 반대로 생의 공허를 야기하는 것이다. 사람은 생의 한가운데에 있으면서 생을 갖지 못한다. "우리는 결코 살아가고 있는 것이 아니라, 살아가기만을 바라고 있다."(172) 사람은 생의 한복판에 있으면서 생을 구한다. 즉, 거기에 생의 운동성이 거듭 새로운 자각으로 그 모습을 바꾸어가는 이유가 있다. 생은 우리의 소여이면서 우리에게 있어서는 과제가 된다. 이른바 '살아있는 생das lebendige Leben[도스토옙스키]'의 개념은 단순한 토톨로지[동어반복]가 아닌 것이다.

생의 운동성의 제1계기는 '불안정inconstance'이다. 우리는 끊임없이 길 위에 있는 존재이다. 우리의 관심은 거듭 다음을 향해 지금 막 한 걸음을 움직여간다. 예를 들면 우리의 욕망은 우리들 본연의 상태에다가 다른 상태의 쾌락을 결부시킨다. 우리가 그 쾌락에 도달했을 때, 우리는 그 때문에 행복하지 않을 것이다. 왜냐하면 그때 우리는 이 새로운 상태에 상응하는 다른 욕망을 갖게 되기 때문이다. "현재의 쾌락이 내용 없이 하찮은 것이라는 느낌, 아직 경험하지 못한 쾌락의 공허에 대한 무지가 불안정을 결과한다."(110) 우리가 언제나 길 위에 있는 존재인 한, 모든 현재의 쾌락이 우리를 만족시키지 못하는 것은 우연이 아니다. 미래의 쾌락의 공허와 허무에 눈 뜨지 못하는 것은 거듭 그 다음[의 쾌락]을 요구하는 걸음을 멈추지 않는 사람에겐 자연스러운 것이다. 그렇지만 생의 운동성은 단지 외골수로 나아갈 뿐인 운동이 아니라 오히려 그 여러 상相, diversité을 갖고 있다. 영혼은 결코 단순히 자기를 나타내는 것이 아니라 항상 변화한다. "사람들은 서로 접촉할 때 보통의 악기[오르간]를 대하는 것처럼 생각한다. 그러나 진실을 말하자면, 그것은 기이하고 변화가 많으며 규정되지 않은 악기이다."(11) 영혼에 이바지하게 되는 그 어떤 것도 단순하지 않으며, 영혼이 어떤 경우에도 단순히 교섭하지 않는다고 말하는 지점에서 인간적 존재의 불안정은 그 근원을 갖는다. 생의 운동방향의 여러 상들은 서로 조화되는 것이 아니며 하나의 목적에 따라 통일되고 있는 것도 아니다. 인간은 모순 contrareítés에 찬 존재이다. "인간은 자연스레 쉽게 믿는가 하면 의심이 많고 겁이 많은가 하면 대담하다."(125) 우리들 존재의 불안정은 또한 우리의 존재성이 내면적 모순 안에서 성립되고 있는 결과이다. 이리하여 우리는 거절하지 않고, 기피하지 않고 운동에 조종되는 존재이다. 이처럼 불안정이 인간의 근본적 상태에 속하는 것은 인간의 '권태ennui' 현상에서 가장 분명해진다. 곧 생의 권태는 흡사 그 반대편으로부터 우리의 본성이 불안정 속에 있다는 것을 증명한다. 전적인 휴식 속에 정열 없이, 일 없이, 위락 없이, 노력 없이 그렇게 놓아두는 것만큼 인간에게 견디기 힘든 것은 없다. 이때 그는 그의 허무, 그의 유기됨, 그의 부족, 그의 의존함, 그의 무력함, 그의 빈틈을 느낀다. 그의 존재는 그 존재성을 앗아가는 것을 느끼고 권태는 그의 영혼의 밑바닥으로부터 유출된다. 인간이 운동하는 존재인 한, 권태는 그의 생에 있어서 필연이다. 권태 그 자체는 또한 생의 운동성의 한 가지 기본적인 표현이다. 권태는 "하등의 원인이 없이도 그것의 고유한 본래 상태에 의해"(139) 불러일으켜질 만큼 근본적이다. 우리가 권태를 기피하면서 격동agitation을 즐기는 것은, 전적인 안정이 우리들의 자연에 반하는 것이며 따라서 동적인 불안정이 우리의 규정에 속하는 것임을 뜻한다.

생의 운동성의 제2계기는 부정적으로 드러난다. 이 부정적인 운동성을 파스칼은 '위락慰戱, divertissement'이라고 이름 붙인다. 무릇 불안정과 권태는 우리의 '자연la nature'이다. 그런데 이 자연은 한쪽으로는 불안정으로서, 다르게는 권태로서 우리에게 견딜 수 없는 것이고, 그런 상태에 머물러 있는 것은 우리에게 불가능한 것이므로 생은 그것들의 부정을 향해 필연적으로 움직여간다. 위락은 불안정을 덮어씌워 숨기고 권태를 어지럽히는 곳에서 우리들 활동의 전부를 차지한다. 그런 까닭에 나는 그것을 생의 자연에 대한 생의 '기교l'art'라고 부를 수 있다고 생각한다. 위락은 인간 존재에게 근본적인 현상이다. 공 하나를 굴리는 것 같은 가장 사소한 것 또한 인간의 기분전환이 될 수 있는 것이다. 손에 닿을 수 있는 모든 만족에 둘러싸인 왕과 제후도 위락이 결여되어 있다면 울적함을 씻어낼 수 있는 천민보다 스스로가 불행하다고 느낄 것이다. 단지 돈이나 토끼가 주어질 뿐이라면 필시 그것들 자체를 원한 것이 아니었던 사람이 내기나 사냥에 열중하는 것은 무슨 까닭이겠는가. 그 토끼 그 돈은 우리의 권태와 불안정에 대하여 우리를 보증해 주지 못하는 데에 반해 사냥과 내기의 소란함은 그런 보증을 주기 때문이다. 모든 위락에 공통되는 이유는 우리의 있는 그대로의 참혹한 상태로부터 우리들 영혼의 눈을 돌리게 하고divertir 그것을 다른 쪽으로 향하게 하는 생의 충동에 있다. 위락은 우리로 하여금 우리의 자연을 잊게 하고 우리들 자신에 대해 사고하는 것을 방해한다(139, 171). 즉 위락의 특성은 생의 자기도피에 있다. 내가 이것을 생의 운동성의 부정적인 계기라고 보는 근거가 거기 있다. 생은 자기를 피해 어디로 달아나는가. 생의 자연으로서의 불안정과 권태에 의해 움직여지는 위락을 요구하기 위하여 생은 위락을 뒤쫓으면서 생 아닌 것 속에 번성해 있는 것에 의존하게 된다. "위락은 다른 곳으로부터, 밖으로부터 온다."(170) 곧 위락에 있어서 근본적인 현상은 세계로의 생의 타락이다. 외아들을 잃은 아비는 비참함과 괴로움을 짊어지게 될 것이다. 그렇지만 사람들이 그에게 가죽 공 하나를 던져주게 되면 그는 그 공을 그의 친구에게 되던진다. 이리하여 그는 자기 생의 본연의 상태를 잊고 공놀이의 유희 속에서 오로지 이기기를 원할 것이다. 한 마리 토끼를 잡기 위해 모든 숙고를 허비하고 있는 왕을 보라. 춤추듯 절하는 임관 하례식에서의 그 발놀림에 모든 배려를 쏟고 있는 대신을 보라. 사람들은 그들에게서 생의 관심이 생 아닌 다른 사물의 관심에 함몰해 있는 것을 볼 것이다. 세계로의 생의 타락은 첫째로 생이 그러한 소위 사물의 세계로 타락하고 있음을 뜻하는 것이다.

위락에 있어서 세계로의 생의 타락은 따라서 둘째로 생이 상상의 세계로 추락하는 것을 뜻한다. 확실히 상상은 위락과 원리적인 관계를 맺고 있다. 사람들은 원래 소득을 위해 내기를 하는 것이 아니지만 내기에서 그 무엇도 얻지 못할 것이 예정된 것이라면 사람들은 그것에 대해 어떤 열정도 품지 않을 것이며 거꾸로 권태를 느낄 것이다. 다시는 내기를 하지 않는다는 것을 조건으로 다른 사람이 그에게 주는 것들을 그는 원하지 않는데, 반면에 그것들을 내기에 이겨 얻게 된다면 그는 스스로가 행복하다고 상상하면서 스스로를 열띠게 하고 마음 뛰게 한다. 마치 아이가 자기 스스로 먹칠한 얼굴을 보면서 두려워하는 것처럼 그는 자기의 상상에 따라 정열의 대상이 되는 것을 스스로 만들고 그것을 향해 그의 욕망, 그의 분노, 그의 공포를 자극한다. 생의 관심이 그처럼 상상의 세계에서 번성하는 경우, 위락이 갖는 생의 자기도피의 특성은 가장 명확하게 드러난다. 파스칼은 말한다. "우리는 우리 안에, 우리 고유의 존재 안에 지니고 있는 생에 만족하지 않는다. 우리는 타인의 관념 속에서 하나의 상상적인 생을 살기를 원하고 그것을 위해 그럴듯하게 보이려고 노력한다. 우리는 우리의 상상적 존재를 아름답게 꾸미고 보존하기 위해 늘 힘씀으로써 실제의 존재는 소홀히 한다."(147) 그렇지만 우리의 추락하는 세계 속에서 가장 특유한 것은 인간의 세계이다. 확실히 인간이 고립된 존재가 아니라 다른 인간과 함께 있는 존재이고, 그가 소유하는 세계 중에 특히 그 자신과 동등한 것들의 세계, 즉 인간의 세계, 소위 세간이라는 것과 가장 친밀한 관계를 맺고 있는 것이 그의 관심occupations이라는 것은 말할 필요 없이 명료하다. 그렇게 위락에 있어서 세계로의 생의 타락은 셋째로 생이 인간의 세계로 추락하는 것을 뜻한다. 감옥이 무서운 형벌이라는 것, 감옥이 고독의 즐거움으로 이해되지 못하는 것은 위락이 주로 인간의 세계에 연고를 두고 있음을 드러내는 것이다. 경기에서 사람들의 목적은 그가 타인보다 더 잘했던 것을 다음 날 친구들에게 자랑하는 데에 있다. 이와 마찬가지로 어떤 사람은 이제껏 사람들이 포착하지 못했던 대수학의 한 가지 문제를 그가 해득했다는 것을 다른 학자들에게 보여주기 위해 작업실에서 땀범벅이 되어 공부한다. 또 다른 사람들은 각자가 차지해 얻은 위치를 뽐내기 위하여 최후의 위험에 몸을 노출하고 있다. "사람들이 칭찬해줄 때 우리는 기쁨 속에서 생을 잃을 것이다."(153) 파스칼에게 위락은 단지 유흥amusement 또는 유희jeu를 뜻하지 않았다. 위락은 생의 불안정을 은폐하고 생의 권태를 흩어 자기 본래의 존재 상태로부터 눈을 돌리게 하는, 인간이 행하는 모든 영위활동의 이름이다. 그런데 인간의 관심이 [위락-내-] 인간의 세계에 대한 관심으로 추락할 때, 위락 그 자체 속에 포함되어 있는 모순은 무엇보다도 밝게 드러나게 된다. 원래 우리의 권태와 불안정의 부정으로서 생겨난 위락은 인간의 관심이 인간의 세계에 속박되는 것에 의해 질투심이나 시기·의심으로 공명심이나 경쟁심으로 부추겨짐으로써, 우리의 생은 재차 원래의 불안정과 그 반면으로서의 권태로 되돌아온다. 이어 그런 권태와 불안정은 더욱 새로운 위락을 향해 움직일 것이다. "이렇게 전체의 생은 흘러간다. 사람들은 어떤 장애물과 싸우면서 안식을 구한다. 그 장애물을 극복한 다음에는 안식이 낳는 권태로 인해 그 안식은 견디기 어려운 것이 된다."(139) 인간의 본성은 그렇게 itus et reditus[갔다가 되돌아온다]의 관계에서 성립한다.[5] 우리의 운동이 감往과 옴廻의 끝없는 관계 속에서 성립하고 있다는 것은 그 운동이 진보 또는 발전을 뜻하지 않는다는 것이다. 그것은 불안정과 권태로부터 나와서 불안정과 권태로 되돌아오는 영구적인 반복에 지나지 않는다. 생의 운동성은 최초에는 하나의 악[儀]한 무한이다.

위락의 특성은 생의 자연을 은폐하고 흩어지게 하는 것에 있다. 나는 거기에서 파스칼이 말하는 '오류erreur'의 의의에 대해 논해야 한다고 생각한다. 그 의의를 밝히기 위해 나는 파스칼의 상상imagination에 대한 설명을 검토해보려고 한다. 생각건대 허위는 상상과 근본적인 관계에 있다. 상상은 "인간 안에 지배적인 부분이고 오류와 허위의 주인이며 항상 기만하지 않기에 그만큼 기만적인 것"(82)이다. 무엇을 말하려는 것일까. 상상은 사소한 사물을 공상적인 평가에 따라 그것이 우리의 마음을 충족시킬 때까지 확대하고, 대담한 오만에 의해 거대해진 사물을 그것이 우리의 마음에 들어맞을 때까지

5. [『팡세』 단편 355번: "위대함을 느끼기 위해서는 그것을 떠나 있을 필요가 있다. 지속되는 것은 그 무엇이든 불쾌감을 준다. 우리 몸을 덥히기 위해서는 추위도 기분 좋다. / 자연은 점진적으로 움직인다, itus et reditus. Aᴧ. 자연은 갔다가 돌아오고, 다시 더 멀리 갔다가 그 두 배만큼 돌아오며, 또다시 더 멀리 나아간다 등등. / 바다의 밀물도 이런 식으로 움직이고 태양도 이렇게 운행하는 것 같다. ᴧAᴧᴧAᴧᴧA."]

축소한다(84). 상상은 우리가 사물을 있는 그대로의 상태로 보는 것을 방해하는 능력이다. 따라서 오류는 사물이 은폐되어 있는 상태에 다름 아니다. 허위란 존재의 특수한 '존재방법', 존재가 '은폐되어 있음'으로서의 존재의 방법을 뜻한다. 허위는 최초부터 그리고 본원적으로 이론적인 명제에 관계하는 것이 아니라 존재의 특수한 존재방법인 것이다.[6] 이 원리적인 허위와 같은 오류의 의미를 이해하기 위해 나는 파스칼이 관찰했던 사실과의 관련 속에서 생각해보려고 한다. 사람이 상쾌한 안색으로 말한다면 그것은 자신에 대한 듣는 사람들의 의견에 많은 이익을 가져올 것이다. 법관의 존경할 만한 노령은 그의 재판에 적지 않은 위신을 부여할 것이다. 이와 같이 우리는 그 눈, 그 목소리, 그 모습, 그 걸음걸이에 있어서 다른 이들의 상상을 작용하게 하고 우리의 있는 그대로의 상태를 은폐하는 데에 자연스레 도움이 되게 한다. 인간이 오류를 일으키기 쉬운 존재라고 말하는 것은 인간의 피할 수 없는 존재적 규정에 속한다. 이것은 위락이 생에 근본적이고, 특히 상상이 "인간에 있어서 제2의 자연을 수립할"(82) 만큼 기본적

••

6. 허위의 원리적인 의미를 이해하기 위해서는 Aristoteles, *Metaphysica*, Δ.29를 참조하지 않으면 안 된다. 아리스토텔레스는 거기서 φαντασ ία[상상력]이라는 단어를 분명히 사용하고 있지만, 물론 그것을 파스칼의 imagination과 동일시해서는 안 된다.

인 것인 한에서 우연이 아니다. 그렇지만 오류는 더욱 적극적인 의미에서 우리들 존재의 방법이다. 오류는 존재의 은폐된 상태를 뜻하는 것에서 나아가 사람이 존재의 있는 그대로를 고의로 덮어씌우는 것couvrir, 그것을 숨기는 것cacher, 즉 '사람을 속이는 것tromper'을 뜻하는 데에 이른다(100). 법관은 그들의 붉은 법복, 그들의 모피 모자, 그들의 엄격한 법정에 의해 그들의 말이 권위를 부여받도록 준비한다. 제왕은 행렬 속의 호위병이나 창이나 나팔이나 북을 갖고 그의 위엄을 엄격히 갖춘다. 인간은 그 존재의 상태에 있어선 많은 것을 결여한 비참한 자들이다. 그런 까닭에 우리가 [자기의 있는 그대로의] 자연을 자기에 대해, 타인에 대해 은폐하려는 것은 필연이다. 사람들은 이 결함과 그 비참을 상호 간 덮어씌우고, 서로 숨기고, 서로 아첨하며, 그리하여 서로를 속이며 만난다. 허위는 우리가 인간 세계를 소유하는 존재라는 사실에 더 큰 필연성을 부여하는 것이다. "인간들 사이의 결합은 이 상호적 기만이 아닌 다른 곳에 그 기초를 두지 않는다."(100) 인간은 단지 오류를 일으키기 쉬운 존재인 것만이 아니라 재차 자신 스스로 사람들을 기만하는 존재이다. 여기서 우리는 아리스토텔레스의 '허위의 인간ἄνθρωπος ψευδής'이라는 개념을 상기할 수 있을 것이다. 파스칼에게 허위는 존재의 방법, 특히 인간의 특수한 존재방법을 뜻했다.

허위의 개념에 대해 검토한 이후, 나는 파스칼의 '진리vérité' 개념에 대한 해석으로 향해야 한다. 첫째로 허위가 최초에는 명제에 관계된 개념이 아니었듯이 진리는 근본적으로는 명제의 참됨을 뜻하지 않는다. 오히려 진리란 '존재'의 존재방법, 그 특수한 '존재의 방법'을 뜻한다. 허위가 존재의 은폐된 상태였던 것에 반해 진리는 존재의 "가려지지 않고 드러나게 되는à découvert et sans voile"(194) 상태에서의 존재방법이다. 파스칼이 결함과 비참을 진리라고 부르는 것은(100), 인간의 존재를 숨김없이 있는 그대로 볼 때 항상 그 결함과 비참의 상태가 드러나게 됨을 가리킨다. 첫째로 허위가 적극적으로 사람들을 속임을 뜻하는 데에 이르렀던 것과 같이, 진리는 스스로 나아가 "자기 본연의 상태를 있는 그대로 드러내는 것se faire voir tel qu'on est", 그에 더해 존재의 "가려짐을 제거해" 그 있는 그대로를 발견하는 것découvrir을 뜻하게 된다.[7] 그리고 이 경우, 우리가 파스칼에게서 아리스토텔레스의 ἄνθρωπος ψευδής [허위의 인간] 개념에 대응하는 'honnête homme[신사; 17세기 프랑스 고전주의의 인간, 맹세와 명예의 인간]' 개념과 마주치는 것은 흥미로울 것이다. 올바른 인간이란 원래 수학이나 신학의 참

⋅ ⋅

7. 파스칼이 말하는 'à découvert'는 그리스어 'ἀληθής'를, 'découvrir'는 'ἀληθεύειν'를 직역해 보인 것이다.

된 명제를 수없이 인식하고 있는 사람을 뜻하는 것이 아니라 자기 또는 타인에 대해 그 있는 그대로의 상태를 은폐 없이 보고 그것을 말하는 인간이다. 그는 자기의 무지, 결함들, 비참들을 말하기를 두려워하지 않도록 다른 이들의 그것들을 사람들에게 고지하는 것을 꺼리지 않는다. 그는 인간의 존재를 올바로 주시하고 그렇게 주시했던 것을 정직하게 전하는 자다.[8] 그리고 나는 진리와 허위가 최초에 그리고 본원적으로는 이론적 명제에 타당하게 관계하고 있는 것이 아님을 이해하는 것이 오늘 우리에게 지극히 중요한 사항이라고 생각한다.[9]

· ·

8. 물론 'honnête homme'의 개념을 위와 같이 해석하는 것은 매우 특수한 것이다. 당대의 표어였던 그 말은 다양한 경우에 파스칼에게도 한층 르네상스적인 의미를 갖는다. 곧 그것은 편파적이고 직업적인 전문가에 대비되는, 전인적 교양을 구비한 "보편인(gens universels)"(34)을 뜻한다.

9. 나는 지금 이 문제에 끼어들어 논급하는 것을 피하려 한다. 진위의 의미를 명제의 영역에 한정하는, 오늘날 넓게 개진되는 사상들 중 가장 모범적인 것은 볼차노의 '명제 자체' 개념일 것이다. 졸고, 「볼차노의 '명제 자체'」(『思想』 제26호) 참조 [볼차노는 체코의 수학자·철학자·논리학자, 『지식학』(전 4권, 1837)의 저자.]

3

생의 운동성이 첫째로는 불안정과 권태로서, 둘째로는 위락으로서 드러나고, 그 위에 그 이후의 계기가 흡사 운동성의 부정으로서 작용하는 것에 대해 서술하였다. 이리하여 생生이 단지 외골수로 나가는 과정이 아니라는 것은 분명해질 것이다. 파스칼은 말한다. "인간의 본성은 항상 전진하는 것이 아니다. 전진進이 있는가 하면 후퇴退도 있다."(354) 그런데 이 왕복 속에서 성립하는 인간적 존재의 운동이 그 자체로서는 단순한 영구적 반복이라는 것은 앞서 말한 것과 같다. 우리는 이 악한 무한을 어떻게 이겨낼 것인가. 위락에서 근본현상은 생의 자기도피였다. 그러므로 위락의 단계를 넘어 나아가야만 하는 것은 생의 자기도피를 정복함으로써 그 어떤 뜻에서도 생의 자연으로 돌아가 자기를 회복하는 것이 아니면 안 된다. 그렇지만 그렇게 다시 돌아간 자연이 원래의 자연이라면 그것은 요컨대 악한 반복에 지나지 않을 것이다. 그런 까닭에 이 악한 반복을 넘어야만 하는 것은 생의 '자연la nature'에 대비해 생의 '자연성le naturel'으로서 구별되어야만 하는 것이다. 생의 운동성은 '자연'에서 나와 '기교'를 거쳐 '자연성'으로 향하는 과정이다.[10] 파스칼은 이 생의 운동성의 세 번째 계기를 '의식 pensée'이라고 이름 붙였다.[11]

의식[팡세]의 뜻을 분명히 하기 위해, 나는 뒤집어 상상이라는 것에 대해 생각해보려고 한다. 상상은 인간 존재의 운동을 사색에 잠겨 천천히 거닐게 하며 정지하게끔 한다. 상상은 우리의 영혼에 알맞을 때까지 사물을 확대하고 축소하는 능력이므로, 그것은 많은 경우 생의 불안정을 마비시켜 무디게 하는 결과를 가져오기 쉽다. 이렇게 해서 상상은 그 침체의 성질에 따라 인간에게 제2의 자연을 만들며, [그 속에서] 생은 습관의 형태로 존재하는 것이 된다. 상상과 습관에 결여되어 있는 것은 특수한 '질문'이다. 상상과 습관은 우리로 하여금 우리의 존재에 대해, 존재하고 있는 그 상태, 그 본연의 상태에 대해 질문하는 것을 망각하게 한다. 허위가 상상과 특히 밀접한 관계를 갖고 있는 것도 주로 그런 이유 때문이다. 허위가 인간의 존재에 있어서 필연적이면서도 끝내 허위에 지나지 않는 것은 그런 물음이 결여되어 있기 때문이다. 허위는 우리를 어떤 편안함과 친근함 속에 놓는다. 우리의 존재론적 입장에서 볼 때, 많은 학자들이 진리의 개념에 대해선 초월적 의의

· ·
10. 나는 la nature, l'art, le naturel이라는 단어를 『팡세』 단편 21번으로부터 전용했다.

11. '팡세'를 좁은 뜻에서의 '사유'로 느닷없이 해석하지 말아야 한다. 이 단어는 최초에는 한층 넓은 의미를 지니고 있었다. 예컨대 데카르트의 'cogitare' 개념과 비교하라.

를 인정하면서도 허위의 개념에 대해선 소위 인성론적 설명을 하고 마는 것에 만족하는 것은 허위가 소유하는 특수한 안정에 의거한 것으로 해석될 수 있다. 허위는 그 자신 속에 운동성을 갖고 있지 않다. 이에 반해 파스칼이 말하는 의식은 인간적 존재의 par excellence[특히 탁월한] 운동성이다. 그것은 생의 친근함과 편안함을 요동치게 함으로써, 정리된 생의 한가운데에 단지 이론에 의해 기교적으로 만들어진 것이 아닌 우리들 존재의 근본적 규정에 따라 필연적으로 존재하는 문제가 머물고 있지 않는가라고 질문한다. 운동을 본성으로 하는 생에 있어서 의식은 특히 탁월한 운동인 것이다.

질문의 운동성을 논하는 것에 앞서 나는 다시 다른 쪽에서 의식의 개념을 일반적으로 규정해 놓으려 한다. 위락이 세계로의 생의 타락을 유혹하는 것에 대해서는 앞서 서술하였다. 그런데 의식은 항상 자기에게로의 복귀의 관계를 그 속에 포함하고 있다. 차라리 의식은 자기가 자기를 의식하는 것을 뜻한다. 간단히 말하면, 의식이란 자각적 의식이다. 의식은 자각적 의식으로서, 세계로 타락하려는 자기를 회복한다. 의식에서 생은 구체적이게 되지만 그 의식은 자각적 의식을 뜻하기에 생의 구체성은 그 자각성에 있는 것이 된다. 그런데 그러한 자각의 관계에 무게를 두고 본다면 의식 속에서 그 관계를 탁월하게 소유하는 것은 말할 것도 없이 사유이다. 의식이 특히 자각적 사유로 되는 이유가 거기에 있다. 『팡세』의 저 유명한 말을 지금 인용하는 것이 적합하리라 생각한다. "인간은 한 줄기의 갈대, 자연 속에서 가장 연약한 것에 지나지 않는다. 그러나 그는 생각하는 갈대roseau pensant이다. 그를 으깨어 부수기 위해선 우주 전체가 무장할 필요가 없다. 한 줄기의 증기, 한 방울의 물로도 그를 죽이기엔 충분하다. 그렇지만 우주가 그를 으깨 부수는 경우에도 인간은 그를 살해하는 우주보다 훨씬 고귀할 것이다. 왜냐하면 인간은 자기가 죽어 가고 있다는 것을, 그리고 우주가 자기보다 우월하다는 것을 의식하고 있지만, 이에 반해 우주는 그것에 대해 아무것도 알지 못하기 때문이다."(347) 인간이 자연에서 단지 하나의 존재, 곧 전체와 허무 사이의 중간자에 지나지 않는 것이면서도 능히 모든 피조물 가운데 최상의 지위를 점할 수 있는 것은 전적으로 그런 자각적 의식에 따른 것이라고 하지 않으면 안 된다. 그것에 의해 "인간이 인간을 무한히 넘어설 수 있는l'homme passe infiniment l'homme"(434) 가능성이 부여된다. 곧 인간이 그 존재의 위로 나아갈 수 있는 가능성은 그 존재의 탁월한 존재성 속에 포함되어 있다. 파스칼에 따르면 자각적 의식이야말로 인간의 품위이고 광영이다.

우리는 의식을 추상적인 것으로 오해하는 일을 경계해야 한다. 파스칼은 자각적 의식을 소유한 자를 일반적으로 '철학자'라고 부른다. 곧 자각적으로 사유한다는 것은 인간의 특수하고 탁월한 의미에 있어서 '존재의 방법'에 다름 아니다. 파스칼은 인간의 그러한 존재의 방법을 한층 명백하게 '철학적인 생vies philosophiques'이라고 이름 붙인다. 곧 철학은 생 그 자체의 자각 이외에 다른 것이 아니다.[12] 철학은 생의 운동성의 세 번째 계기인 자각적 의식으로서의 생 그 자체에 속한다. 그런 이유로 파스칼은 말한다. "분명히 인간은 생각하기 위해 만들어졌다."(146) 생의 하나의 발현으로서 철학이 가진 의미를 이해하기 위해서는 생의 한가운데서 발생하는 과정의 존재론적 필연성이 해석되지 않으면 안 된다. 철학은 호기심이나 공명심 등의 문제가 아니라 인간 존재에 있어서 필연적인 하나의 존재방법이다. 이미 세계 속에 있는 우리들 존재의 근본적 규정에 수반된 상태성이란 공포이며 경악이었다. 이 공포, 이 경악에 의해 움직여지는 자는 세계란 무엇인가라는 질문에 이를 것이다. 그리고 그 질문은 시원적으로는 무엇보다 하나의 철학이다.[13] 중간자로서의 우리들 존재의 양극을

• •

12. 우리는 『팡세』에서 'le philosophe[철학자]'라는 단어를 여러 번 만남에도, 'la philosophie[철학]'라는 말은 극히 드물게 발견할 뿐이다. 이 사실을 주목해야 할 것이다.

13. 아리스토텔레스도 철학의 존재론적 발생을 설명하면서 'θαυμάζειν [타우마제인. 경이, 또는 경이로움에 사로잡힘(하이데거)]'이라는

이루는 자연과 허무는 심연이며 불가사의였다. "나는 사방을 둘러본다. 그런데 도처에 어둠밖에는 보이지 않는다. 자연은 나에게 회의와 불안의 씨앗 말고는 아무것도 제공하지 않는다."(229) 인간이 사는 세계는 '질문해야 할' 성질을 지니고 있다. 세계가 질문해야 할 것은 특수한 질문으로서의 철학에 존재론적 필연성을 부여하는 일에 관한 것이다. 그뿐만 아니라 인간의 존재 그 자체 또한 '질문해야 할' 존재이다. 이미 생의 자연은 불안정하다. 불안정한 존재가 질문해야 할 이유를 가장 많이 갖는 것은 말할 필요 없이 명료한 것이다. 이 불안정이 생에 언제나 길 위에 있는 것으로서의 특성을 짊어지우는 것에 대해서는 앞서 얘기했던 바, 길 위에 있는 것은 거듭 다음 상태로의 모자란 한 걸음에 대한 요구를 멈추지 않으므로 자기의 현실로부터 갈피잡지 못하고 떠 있는 발이 된다. 즉, 생은 지반의 상실로 향해지는 경향을 자기 안에 포함한다. 이리하여 생은 언젠가는 자기를 현실적·구체적이게 하기 위해 자기의 지반을 확실히 자각할 필요에 쫓긴다. 여기에 반성으로서의 철학이 생겨나는 근거가 있다. 그렇지만 길 위에 있는 것은 또한 항상 선회하는 것이다. 우리는 우리의 운동 속에서 뒤에 도착해야 할 것을 선회하여 미리 앞을 내다본다.

• •

단어를 사용하고 있다.

이는 생의 성마름이고 **성급함**이다. 생의 성급함은 하나의 성급함인 까닭에, 그것은 임기응변하는 것, 임시변통하는 것을 붙잡는 위험에 노출되고 있다. 여기에도 생이라는 것이 질문해야 할 이유가 있는 것이다. 지반의 상실과 성급함은 인간의 존재가 근본적으로 관심에 의해 움직이게 되는 한에서 필연적으로 생겨나는 것이기에 인간은 필연적으로 질문에 가치를 두는 존재이다. 그렇지만 불안정을 영구적으로 이어가는 것은 생의 운동에는 속하지 않으며 생의 본성은 오히려 그 반면에서 안주함을 요구한다. 이때 허위가 분명히 드러나게 된다. 파스칼은 이렇게 말한다. "정신은 자연스레 믿고, 의지는 자연스레 사랑한다. 그러므로 참된 것이 결여되어 있을 때 그것들은 거짓된 것에 집착하지 않으면 안 된다."(81) 정신이 거짓된 것을 믿고 의지가 거짓된 것을 사랑하는 것은 우리들 존재에 있어서 자연적이다. 생각건대 우리는 흡사 생을 소유하는바, 그렇게 생을 소유하고 그것과 끊임없이 친교하기에 우리는 생이 이미 숙지된 것이라는 듯 자기를 치장한다. 생이라는 것의 이 특유한 숙지성은 즉각 그 **자명성**을 수반한다. 우리 일상의 교섭 속에서 이미 숙지된 것이라는 듯 치장한다는 점에서 생이라는 것은 거듭 질문하는 것을 필요 없게 하는 자명성을 띠고 우리에게 온다. 그러나 거듭 질문하는 것을 필요 없게 하는 존재야말로 바로 질문해야만 할 존재이다.

왜냐하면 자명성은 하나의 안정으로서 자연스레 허위를 품게 될 계기를 그 속에 지니고 있기 때문이다. 허위에 의해 잠들게 된 생은 그 본래의 운동성을 발휘하기 위하여 요동치게 깨워지지 않으면 안 된다. 이런 진탕震盪[흔들어 깨움/씻김]과 각성에 관련된 것이 철학이다. "인간은 오류에 충만한 하나의 존재에 지나지 않는다. 이 자연적인 오류는 은총 없이는 제거할 수 없는 것이다."(83) 우리는 인간의 존재 속에서, 학자의 논의에 의해 지당하게 된 것이 아니라 오히려 그 존재의 원리적 규정에 의해 자연적인[본원적인] 문제를 품게 된 상태를 보았다. 인간의 존재는 특히 질문해야 할 존재이다. 파스칼은 외친다. "인간이란 도대체 어떤 기이한 짐승인가. 어떤 새로운 무늬新柄, 어떤 괴물, 어떤 혼돈, 어떤 모순, 어떤 비범함인가. 모든 것에 대한 재판관, 어리석은 지렁이. 진리의 수탁자, 애매와 오류의 쓰레기더미. 우주의 영예이자 폐품."(434)

철학은 질문해야 할 것에 응답하는 질문으로서의 생의 자각 단계로 드러난다. 질문은 특수한 진탕으로서 생의 무엇보다 현저한 운동이다. 질문은 그런 운동과 짝하는 위험을 수반한다. 그 최초의 현상은 질문에 있어서의 '지반의 상실'이다. 철학은 생의 현실로의 통로를 갖지 못한 가공적 업무가 되려는 경향을 자기 안에 충분히 지니고 있다. 인간 존재의 사실 속에 깊게 뿌리내리는 한, 철학일지라도 자기도피의 위락에 지나지 않는다. 철학이 단지 논의를 위해 논의하는 위락의 상태로 끝나기 쉽다는 사실을 확정하면서 파스칼은 "우리는 결코 사물의 형편 그 자체를 탐문하지 않고 반대로 사물의 형편에 대한 논의를 탐문한다Nous ne cherchons jamais les choses, mais la recherche des choses."(135)고 말하고 있다. 그런 까닭에 철학이 끊임없이 그 지반을 획득해야 하는 것은 철학에 대한 현실의 요구이다. 철학은 우선 자기의 지반을 음미하는 것으로부터 착실히 강건하게 나아가지 않으면 안 된다. 파스칼은 이 단계에 대해 다음과 같이 쓴다. "사색의 순서는 자기로부터 시작하여, 자신의 창조자, 그리고 그 목적으로 향한다."(146) 여기서의 그 자기란 선험적 자아와 같은 선험적 통각[종합하는 의식의 작용]이 아니라 구체적인 우리의 존재이다. 모든 철학은 무엇보다도 최초에 인간의 존재에 관하여 탐문하지 않으면 안 된다. 이 질문을 소홀히 할 때 철학은 현실의 지반을 떠나는 것이 된다. 왜냐하면 철학 그 자체도 또한 생의 한 가지 존재방법에 다름 아니기 때문이다. 그렇게 현실의 지반을 떠날 때 철학은 생의 표현으로서 필연적으로 짊어지게 되는 자기회복의 일을 달성할 수 없게 된다. 뷔네[스위스의 비평가, 프로테스탄트 신학자]가 파스칼 신학의 주도적 사상을 서술하면서, "신에 도달하기 위해 인간으로부터 출발하는 것"[14]이라고 말했던 것은 무엇보다 적절한 말일 것이다. 파스칼은 그리스도교에

46

대해 말한다. "그것을 공경해야만 한다. 왜냐하면 그것은 인간을 바르게 인식하기 때문이다. 그것을 사랑해야만 한다. 왜냐하면 그것은 참된 행복을 약속하기 때문이다."(187)

질문에 수반되는 두 번째 현상은 '성급함'이다. 질문은 질문으로서의 응답으로 향하는 참을 수 없는 충동을 포함한다. 응답에 대한 질문의 충동에 있어서, 성급함이란 어떤 때에는 현실의 존재를 일격에 파괴하고 오로지 종결적인 타협적 운명을 고찰하는 것으로 향한다. 다른 때에 그것은 구체적인 존재를 추상하여 오로지, 예컨대 데카르트의 cogito와 같이 절대적 확실함으로 보이는 일정한 존재의 영역에 환원시키는 것으로 향한다. 그러나 질문의 운동성에서 성급함이 가장 선명해지는 것은 이 운동성이 선회하여 이른바 궁극적 체계를 만들 때이다. 그렇지만 우리는 우리의 질문을 이념의 세계를 갖고 치환해야 하는 것이 아니며 또 그것을 특정한 영역으로 환원해야 하는 것도 아니다. 오히려 우리의 질문에 대한 응답은 질문하게 되는 것의 연관 속으로 몸소 들어가지 않으면 안 되는 것이다. 왜냐하면 우리의 질문이란 질문하게 되는 것의 내부로부터 필연적으로 생겨나는 것이기 때문이다. 우리가 질문하는 것은 인간의 존재이다. 그런데 이 존재는 앞서

14. A. Vinet, *Études sur Blaise Pascal*, [Paris, 1848] p. 148.

보였던 바와 같이 이미 그것 자체에 질문해야만 하는 성질을 담고 있다. 따라서 이 존재 영역의 연관 속으로 되돌아 들어가는 응답이란 결코 자기를 보존할 수 있는 것이 아니며, 오히려 끊임없이 자기를 붕괴시켜가는 것의 일종임에 분명할 것이다. 응답은 언제까지나 **질문으로 충만한 응답**이다. 응답은 스스로 소실되어감으로써 언제나 존재에 대해 새로운 길을 열어가며, 스스로는 어디까지나 질문으로 머문다. 질문은 질문에 의해 깨지고, 의심되는 것은 무한하게 자기를 전개한다. 거기서 질문은 본래의 운동성을 발휘할 수 있다. 이 운동성에서 질문은 살며, 이 질문에서 우리는 산다. 현실의 존재로의 통로를 막는 일이 없는 질문이야말로 진정 인식으로 충만한 질문이다. 우리에게 무엇보다 주요한 것은 생의 발견에 있는 것이지 이론적으로 정합적인 체계에 있는 것이 아니다. 파스칼이 "철학을 비웃을 수 있는 것, 그것이 참으로 철학한다는 것이다"(4)라고 말했던 것은 이를 뜻한다. 생각건대 소위 철학의 체계는 무엇보다 많은 경우에서 구체적인 사실에 접근해야 하는 길을 저해하고 차단한다. 우리의 질문이 부↑종결적이고, 우리의 응답이 불↑궁극적인 것은 인간 존재 그 자체의 구조 속에 이유가 있다. 거기서 파스칼은 "인간에 관한 어떤 학문도 질서를 지키는 것은 가능하지 않다"(61)라고 써놓고 있다. 인간 연구 제1의 조건은 정직하게 질문하는 것 이외에 따로 있을 수 없다. 질문으로 충만한 응답, 인식으로 충만한 질문은 무한한 운동으로서 분명히 우리들을 끊임없는 불안 속에 갖다놓을 것이다. 하지만 인간적 존재의 연구를 지향하는 자는 오랜 시일에 걸쳐 불안정과 불확실 속에서 움직이게 되는 것을 피할 수 없는 것이다.

인간 연구의 학문적 성질이 위와 같다면, 우리는 누차 말해지듯이 파스칼 또한 회의론자였다고 생각해야만 하는 것은 아닐 것이다. 회의론은 인식론 상의 한 가지 학설이다. 이에 반해 파스칼의 회의懷疑——만약 이 말을 강하게 사용한다면——는 우리의 존재 그 자체의 근본적 규정에 속한다. 질문은 운동이다. 질문으로 움직여지는 인간의 상태는 불안이다. 질문의 운동은 원래 운동을 본성으로 하는 인간의 존재에 있어서 자연적이다. 그것은 자각적 의식에서 드러나는 까닭에 인간의 '자연la nature'으로부터 구별되어진 '자연성le naturel'으로 간주되어야 한다. 질문의 불안은 이미 불안정을 자연으로 하는 인간의 존재에 필연적이다. 그것[질문의 운동]은 자각적 의식에서 드러나는 까닭에 단순한 '불안정inconstance[유동성]'으로부터 구별되어진 본래의 '불안inquiétude'으로 불러야 한다.[15] 의심

• •
15. 파스칼은 『팡세』의 단편 127번에서 이렇게 쓰고 있다. "Condition de l'homme: inconstance, ennui, inquiétude[인간의 상태: 유동성, 권태,

의 상태에 있는 자에게 '결여되어선 안 될 의무'는 요구하는 것이다. 그런데 세상의 회의론자는 의심의 상태에 있으면서 태연하게 만족하고 있을 뿐만 아니라, 오히려 기꺼이 자기의 회의를 공언하고 스스로 나서서 회의를 과장함으로써 자기 허영의 도구로 삼으며 회의의 상태를 자기 기쁨의 대상으로 삼는다(194). 논리학자들은 회의론이 철저하면 자기모순에 빠진다고 말한다. 곧 논리학자들은, 회의론자가 모든 진리는 의심쩍다고 주장하거나 부정하면서도 그런 주장이 하나의 의미이기 위해서 그 주장 하나만큼은 진리라는 것을 승인하는 것에 적게라도 관계되지 않으면 안 된다고, 그러나 그것을 승인하는 일은 그 회의론자의 주장 그 자체에 모순될 수밖에 없는 것이라고 논한다. 그렇긴 하지만 회의론자에게 한층 나쁜 것은 그가 회의론을 단지 하나의 이론으로서 제출함으로써 바로 자기 존재의 존재성 그 자체를 스스로 부정한다는 것이다. 의심 속에 있는 자의 본질은 무한한 운동성으로서 끊임없이 요구하는 것에 있어야 함에도, 그는 거듭 요구함 없이 그의 태연한 상태에 안주하는 까닭에 스스로 자기 존재의 존재성을 부정하는 자이다. 의심 속에 있는 것은 커다란 재앙임에도 파스칼은 "두려움 없이 후회 없이sans crainte et sans repentir"(63)

불안]."

산다. 우리는 파스칼이 회의론자가 아니었던 것을 안다. 오히려 그는 "이와 같은 무법의 인간에 이름을 붙이기 위한 말을 나는 갖고 있지 않다"(194)라고 말한다. 그가 뜻하는 회의는 인간 존재의 근본적 규정, 곧 그것이 운동하고 있는 존재라는 것, 그것이 질문해야 하는 존재라는 것에 기초한 규정이다. 이와 같이 우리의 존재는 그 자각의 단계에 있어서 무엇보다 불안하다. 파스칼의 고백과 같이 [불안의] 병이라는 것은 그리스도교의 자연적인 상태이다. 아우구스티누스는 말한다. "우리의 마음은 당신 속에서 휴식하기 전까지는 불안하다 Inquietum est cor nostrum donec requiescat in te."

생의 운동성은 그 자각적인 구체성에 있어서 불안한 것이다. 여기에 '확실성certitude'이 생의 가장 특수한 관심이 되는 최후의 이유가 있다. 이 확실성은 단지 이론적인 확실성이 아니고 구체적인 생의 불안을 전체적인 것으로 만족하는 확실성이다. 그런 까닭에 파스칼은 '확실함, 확실함, 감정, 유열愉悅[유쾌와 기쁨], 평화'(Le Mémorial[『회상록』 또는 『각서覺書』])라고 외친다. 그가 요구하는 것은 동시에 감정이고, 유열이고, 평화인 확실성이다. 이 확실성은 신 이외에 다른 것이 아니다. 그런 까닭에 인간이 신을 요구하는 것은 불안을 본질로 하는 존재에게 우연적이지 않다. 데카르트 또한 그의 생애를 통해 전적으로 확실성을 요구했지만, 그것은 오로지 이론적인 확실성, 타당한 명제들의 계열의 기초가 될 확실성에 지나지 않았다. 따라서 "그는 그의 철학 전체에서 신 없이 있을 수 있는 것을 기쁘게 원했을 것이다."(77)[16] 그것은 파스칼에겐 용서하기 어려운 것으로 생각되었다. 우리의 존재 그 자체의 불안에 있어서 데카르트의 확실성은 오히려 불확실에 지나지 않는다. 거기서 파스칼은 "데카르트는 쓸모없으며 불확실하다"(78)라고 평하고 있다. 우리가 요구하는 것은 생의 운동성에 최후의 궁극적 종합을 부여하는 확실성이다. 그러나 어떻게 우리는 그런 확실성에 도달할 수 있는가. 아우구스티누스는 말한다. "나는 신과 영혼을 알고자 한다. 그 외에 또 있는가? 그 외엔 아무것도 없다.Deum et animam scire cupio. Nihilne plus? Nihil omnino.

• •

16. 데카르트에 대한 파스칼의 이 비평은 후세의 역사가, 예컨대 빈델반트의 데카르트 해석과 동일하다. 최근의 데카르트 연구는 그 지점에 대해 얼마간의 제한을 부과하는 것이 타당하다고 생각하게 된 듯하다. 이에 대해선 다른 기회에 논하고자 한다. 파스칼과 데카르트의 차이 및 대비에 관해 우리에게 가장 명료한 관점을 주는 것은 V. Giraud, *Pascal: l'homme, l'œuvre, l'influence*, p. 46 et suiv.의 주석에 실려 있는 텐느의 미간행 파스칼 각서의 일절일 것이다. [단편 77번의 앞뒤 문맥은 다음과 같다: "나는 데카르트를 용서할 수 없다. 그는 가능한 한 그 철학 전체에서 신을 빼버리려고 하였다. 그러나 그는 세계를 (질서 있게) 움직이기 위하여, 신으로 하여금 손가락 하나를 움직이게 하지 않을 수 없었다. 그 다음부터 그는 신을 필요로 하지 않았다."]

[『고백록』의 한 문장]"

제2장 내기

1

『팡세』의 전편에 걸쳐 거기에 스며들어 있고 그것을 지배하는 것은 '죽음'의 관념이다. 이 관념은 어느 때에는 주인공으로 임하고 다른 때에는 시종으로 뒤따르며, 어느 때에는 분주한 악기소리로 다른 때에는 멀리 지나는 바람소리로 관객의 마음을 때리고, 또 어느 때에는 닥쳐오는 밤의 암흑으로 다른 때에는 은은한 저녁 어스름으로 무대를 드리운다. 그러나 "연극은 다른 모든 부분에서 아름답지만 그 최후의 막은 피비린내 나는 참혹함이다. 사람들은 마침내 땅을 머리 위에 이게 된 채 영구히 그 상태에 머무른다."(210) 죽음의 문제를 이해하는 것은 파스칼에 대한 해석에서 중요한 의미를 갖는 것이지 않으면 안 된다.

사람들은 죽음의 불안이 파스칼에게 불건전한 병적 현상에 지나지 않는다고 말한다. 그들은 그 불안을 39세로 요절한, 특히 만년에는 끊임없이 병약했던 그의 생리적·심리적 상태에 귀속시키면서 만족할지도 모른다. 그들은 파스칼을 '병든 몽테뉴Montaigne malade'라고 부르는 것에 즐거이 동의한다. 몽테뉴와 파스칼을 가르는 것은 한 사람은 건강했고 다른 한 사람은 병들었다는 것밖에 없는가. 건강한 사람이 체념할 때 병든 사람은 요구하고, 병든 사람이 전율할 때 건강한 사람은 미소 짓는다. 파스칼이 인간의 연구를 시작했던 때 누구보다도 특히 몽테뉴에게서 배웠던 것은 자명한 사실이다. 몽테뉴는 보편적이었고 모든 일의 형편에 대해 준비되어 있었다. 그는 그렇게 준비된 것을 사용하는 사람에게 부富와 미美의 자유롭고 소진되지 않는 손을 내민다. 그는 인간성에 관한 파스칼의 고찰에 단지 조수로서만이 아니라 지도자로서 도움이 되었다. 『팡세』는 몽테뉴로부터 빌렸던, 그로부터 암시되었던 문장과 단락으로 채워지는 것이다. 그러하되 파스칼은 주장한다. "사람들은 내가 아무것도 새롭게 말하지 않았다고 해서는 안 된다. 재료의 조립[배열]은 새롭다. 정구를 즐기는 두 사람 모두가 하나의 공을 가지고 놀지만 한 사람은 그 공을 다른 사람보다도 한층 좋은 위치로 보낸다."(22) 파스칼에게 몽테뉴의 말을 새로이 조립하도록 했던 것은 처음에는 스토익의 정신[1]이었다. 몽테뉴는 그 기질에 있어서는 에피큐리언이고 단지 그 상상에 있어서만 스토이시언이었을 뿐이다. 그런데 파스칼에게 자연적인 인간은 스토이시언이다. 그는 에픽테토스를 기독교화한 것을 알고 있었다. 그뿐만 아니라 파스칼 자신의 증언에 의하면 『에세』의 저자는 "두려움 없이, 뉘우침 없이, 구원에 대해 무관심한 마음을 불어넣는다."(63) 이에 반해 『팡세』는 "이 무한이자 부분 없는[불가분한] 존재[신]에 기도하기 위해 이전에도 이후에도 무릎 꿇고 있는 한 인간에 의해 만들어져 있다."(233) "몽테뉴는 장난치고 있다."(315) 그에 대해 파스칼이 특히 비난하고 있는 것은 "안이함과 안정 la commodité et la tranquillité"(IV, 50)이었다. 불안은 자각적인 생生의 상태이다. 그러나 몽테뉴는 "불안이라는 자연적인 운동"(IV, 49)에 의지함 없이 무지와 무관심을 권한다. 그중에서도 특히 죽는다는 것에 대한 몽테뉴의 느슨하고도 성긴 사고를 파스칼은 가장 용서하기 어려운 것이라고 생각했다(63). 죽음의 불안은 생을 자각하는 자, 자기의 존재에 충실한 자에게 있어서 자연이며 의미 깊은 것이지 않으면 안 된다. 이에

· ·

1. [stoic, 기원전 3세기~서기 2세기 그리스. 자기 외부의 권위나 속세적인 것에 대한 평정심 및 금욕과 극기의 태도론. 이어지는 에픽테토스는 스토익 철학자. 그에게 '신'은 자유로울 수 있는 힘의 최대치였음.]

대한 무관심과 불성실이란 사람들이 인간의 존재를 이해하기 위한 새로운 빛을 지니고 있지 않다는 것에 의거한다. 왜냐하면 "이 새로운 빛은 영혼에 공포를 주며, 쾌락을 가능케 한 것들에서 발견한 휴식을 관통하는 불안을 그에게 가져오기"(IV, 422) 때문이다. 이리하여 우리는 파스칼과 몽테뉴의 상이함이 인생에서의 근본경험의 차이에 의한 것임을 알 수 있다. 그리고 이제 "내가 몽테뉴에게서 보는 모든 것을 나는 몽테뉴에게서가 아니라 오히려 나 자신에게서 발견한다"(64)라고 파스칼이 말했던 것의 정당한 이유도 알 수 있게 된다. 죽음의 불안은 병적인 것도 아니고 감상적인 것도 아니며 오히려 인간의 존재에 대해 적극적인 의미를 갖는 것이다. 새로운 빛을 보는 자는 필연적으로 불안하다. '안이함으로 있는 것은 불건전하게 있는 것이다To be at ease is to be unsafe'라는 뉴먼의 말은 파스칼 자신의 말이기도 했던 것이다.[2] 죽음의 불안을 모르는 사람이야말로 가장 불건강한 자이다.

2. [J. H. 뉴먼(1801~1890), 영국 성공회 성직자, 옥스퍼드대학 복음주의학과 교수. 영국교회를 과거 로마가톨릭교회의 성사전례로 복귀시키길 원했던 옥스퍼드 운동의 주역. 1845년 가톨릭으로 회심, 교황 레오 13세에 의해 부제급 추기경으로 서임. 인용된 문장의 출처는 그의 강론집 *Parochial and Plain Sermons*, I, 런던, 1908, 1825년 6월 12일자.]

죽음의 문제는 단지 호기심의 사항이 아니다. 자기 존재 그 자체의 불안으로 움직여지지 않는 호기심이란 인간의 주된 질병 중 하나에 지나지 않는다. "이 무익한 호기심 속에 있는 것보다는 오류 속에 있는 것이 오히려 그에겐 무해하다."(18) 어떻게 해서든 호기심은 우리에게 하나의 불안을 환기시키는 것이지만, 그 불안이라는 것은 호기심이 우리를 자기 생의 지반으로부터 박탈해감으로써 끝이 없게 되는 방랑을 따라 남는 곳에서 태어난다. 이러한 불안은 생의 구조 속에 내재하는 것이다. 혹은 생의 근본적 규정 그 자체로서만 있는 불안과는 명확히 구별되어야 한다. 호기심은 하나의 허영에 다름 아니다. 사람들은 때로 무엇보다도 무슨 일이 벌어졌는가에 대해서만 말하기 위해 그 일을 알려고 한다. 그러나 죽음은 인간의 근본적 규정에 의해 필연적인 것으로 되는 문제이다. 그것은 파스칼이 단지 전통적인 신학에서 이어받은 것이 아니었다. 왜냐하면 그는 그의 논의 전체를 '그 자신의 심장으로 음미한' 것이었기 때문이다. 죽음은 그에게 퇴각과 양보의 여유를 주지 않고 습격해 오는 문제였다.[3] 죽음에 대해 질문하

· ·

3. 이때 사람들은 1654년 11월 8일에 일어났다고 전해지는 뇌이유 다리(pont de Neuilly)의 사건[파스칼이 당했던 마차 사고]을 생각해 낼 것이다. 파스칼은 이때 죽음을 직접 목격했고 그것이 그가 마음을 고쳐먹은 하나의 동기가 되었다고 말해진다. 이 사건이 단순히 전설

는 것은 논리적으로는 그 어떤 필연성도 갖지 않을 것이다.
나는 죽음의 필연성을 연역할 수 있는 그 어떤 논리도 알지
못한다. 오히려 죽음이란 그 앞에서 모든 논리적 연역이 걸음
을 멈추지 않으면 안 되는 단순한 사실이며, 그것에 직면해서
는 모든 논리적 명증도 요동치게 되는 잔혹한 현실이다. 논리
의 아름다운 수정궁에서 안락을 취하는 자에게 죽음을 탐구하
는 것은 광기가 아니라면 변덕에 지나지 않을 것이며, 오로지
정합성 이외의 다른 의미를 지니지 않을 것이다. 그렇지만
인간의 존재가 무엇보다도 질문해야 할 존재임을 아는 자에게
죽음이란 회피해선 안 되는 문제이다. 철학이 생의 각성이자
흔들어 깨움인 것을 이해하는 사람들에게 죽음은 무엇보다도
고려되어야 할 사건이다. 이 한 지점으로 어느새 우리의 존재
에 관한 모든 질문과 반성은 마치 자연의 중력에 이끌리듯
모여든다. 이 필연성을 해석하기 위해선 무엇보다도 인간적
존재의 기본적인 규정을 고찰하지 않으면 안 된다. 그리고

••
　에 지나지 않는다거나, 그것이 사실이라 하더라도 그의 개심을 결정
　하는 것에 아무런 관계도 없었다는 역사가들 사이에서의 논의가
　어떤 식으로 해결된다고 하더라도, 우리는 죽음에 대한 관심이 파스
　칼의 사상에서 중요한 계기를 이루고 있음을 간과해서는 안 된다.
　그리고 실제로 그의 아버지의 죽음이 그에게 이상한 영향을 주었던
　것은 의심할 수 없는 사실이다.

이와 같이 죽음의 문제가 중요한 위치를 점하는 곳에서 **존재론**이 소위 심리학으로부터 구별되는 한 가지 특질이 발견될 것이다.

인간은 운동하는 존재이다. 이 운동의 시간은 우리들의 관심과 함께 태어난다. 관심으로 움직여지고 끊임없이 한 걸음을 더 요구하는 존재의 성격은 언제나 길 위에 있는 것이었다. 우리가 길 위에 있는 존재인 한 '우리는 어디로부터 오며 어디로 가는가'라고 질문하는 것은 우리의 존재를 반성하는 자에게 피하기 어려운 것이다. 그런데 그러한 관심에 의해 규정되는 시간의 여러 계기 속에서 가장 중요한 의의를 갖는 것은 미래였다. 사람들은 그의 집착, 그의 근심, 그의 욕망의 모든 것을 모조리 미래 속에 던져 넣는다. 따라서 '당신은 무엇으로 이뤄진 것인가'라는 질문은 우리의 존재를 자각하는 자에게 벗어나기 어려운 것이지 않으면 안 된다. 그 질문을 철저히 쉬지 않고 던지는 자는 죽음에 직면한다. 내가 운동하는 시간은 하나의 불가항력적인 찰나, 저 햄릿이 "The time is out of joint[시간이 경첩(joint/Cardo)에서 탈구되어 있다]"라고 절규한 곳의 위기와 만나는 것이다. 그것은 우리들 존재의 종말이고 τέλος[텔로스·목적·본원]이다. 그 위에서 죽음이란 생의 과정의 단순한 종식이 아니며 생이란 그것과 모습을 달리하는 모든 것들과 대립하는 엄연한 사실이다. 관심에 이끌리는 생이 그런 운동의 종말로서의 죽음에 특히 마음 쏟게 되는 것은 이유가 있는 것이다. 무릇 죽음이 인간에게 갖는 의미는 근본적으로는 그것의 '절대성'에 기초한다. 이 절대성은 먼저 죽음이라는 것이 우리가 자유로이 행하는 능력이 아니라 불가피한 사실이라는 점에서 드러난다. 만약 어떤 사람이 그의 생의 일주일을 연장할 수 있다면 그는 또한 100살을 연장할 수 있을 것이다. 100살을 연장할 수 있다고 해도 죽음은 지나치지 않고 언젠가는 분명히 온다. 그런데 죽음의 절대성은 그것이 흡사 모든 생 그 자체를 상대화하는 힘을 가진 듯하다는 것에서 특히 분명해진다. 죽음의 그 절대적인 순간과 마주해서는 일찍이 존귀하고 사랑스럽게 보였던 것들이 그 빛을 잃으며 모든 것의 형체는 오직 회색 잿빛 속으로 침몰한다. 죽음 앞에서는 한층 좋고 한층 아름답다고 말해지는 것들은 있을 수 없을 것이다. 그렇지만 우리에게 죽음의 절대성이 갖는 최후의 의미는 그것이 단지 생을 소리 없이 하나의 색깔로 도배한다는 점에 있는 것이 아니라, 오히려 그것이 두려움 없이 모든 것의 '증명évidences'에 대한 흔들어 깨움震盪에 의거한다는 점에 있다. 일찍이 자명한 것처럼 보이고 조화를 이룬 것 같이 느껴졌던 우리의 생은 이제 그런 자명함과 조화로움을 요동치게 하는, 무엇보다도 질문해야 할 특성을 가진 우리의 존재로 육박해 온다. 인간적 존재의 특성은 그것이 '질문해야만 하는'

존재라고 말하는 것에 있다. 죽음이란 바로 이 존재의 질문해 야만 하는 성질을 가장 잘 드러내는 까닭에, 죽음의 관심에서 생은 그 존재성을 나타낸다고 생각할 수 있는 것이다. 파스칼은 말한다. "내 생애의 짧은 지속이 그 전과 후의 계속된 영원 속으로 흡입되는 것을 볼 때, 그리고 지금 내가 차지하고 있는 눈앞의 작은 공간이 내가 모르고 또 나를 모르는 무한대의 공간 속으로 흡수되는 것을 볼 때, 나는 저곳이 아닌 이곳에 있는 나 자신을 바라보며 공포에 떨고 놀란다. 왜냐하면 저곳이 아닌 이곳에, 다른 시간이 아닌 이 시간에 있어야 할 그 어떤 이유도 없는 것이기 때문이다."(205)[4] 생이 바투 죽음의 가까움을 아는 때, 우리들 존재의 필연성은 근저에서부터 요 동친다. 우리의 생이 그 자체에 하등의 필연성을 갖는 것이 아니며 단지 우리의 '가능한' 존재방법 중 하나에 지나지 않을 것임을 가르치는 것이 죽음의 지혜이다. 나는 생의 자각이 자기의 존재 그 자체에 대한 회의로 움직여지는 것에 대해

. .
4. [바로 이어지는 문장들은 다음과 같다: "누가 나를 이곳에 태어나게 했는가. 누구의 명령과 행동으로 이 장소와 이 시간이 나에게 지정되 었는가. Memoria hospitis unius diei pratereuntis[(악인의 소망은 바람에 날리는 가는 양털과 같고 폭풍에 흩어지는 거품과 같고 바람에 날리 는 연기와 같고) 하루 머무른 길손의 추억과 같다(「솔로몬의 지혜」 5: 15, 『구약 외전』)]."]

앞서 서술했었다. 지금은 나의 회의가 모든 생으로부터 그 필연성을 박탈하여 그것을 가능한 것으로 하는 입장임을 이해할 수 있다. 그리고 죽음의 관심에 관계하는 회의는 무엇보다 현저한 것으로 되기 때문에, 죽음의 자각은 생이 그 존재성을 자각하는 것이라고 생각하지 않으면 안 된다. 죽음은 단지 생을 상대화하는 것에서가 아니라 오히려 그것을 가능화하는 곳에서 그 의의를 발휘한다. 생은 그것이 우리들 존재의 가능한 존재방법으로 발견되는 그때, 저 '질문해야만 하는'이라는 인간적 특질을 남김없이 드러낸다고 말하지 않으면 안 된다. 내가 죽음을 말할 때 나는 사람들이 이념의 영원함을 논하는 것을 듣는다. 그렇지만 어째서 사람들은 플라톤이 허무의 먹잇감이 되는 것은 허락하면서도 그의 사상 전체가 동일한 운명에 빠진다고 생각되는 것에 대해선 공포에 떠는 것인가. 만약 어떤 일인가가 절망적일 만한 것이라면 그 이유는 죽음이라는 것이 신과 같은 플라톤을, 그 사상이 아니라 그 존재를 우리로부터 박탈해갔기 때문이 아닐 것인가. 죽음에 직면한 자에게는 5와 7의 합이 12라고 말하는 것 같은 소위 자명한 진리도 많은 의미를 가진 것이 아닐 것이다. 그래서 파스칼은 "고뇌의 시간 속에서 외면적인 사물에 관한 학문은 인간에 대한 학문의 무지로부터 나를 위로하지 못할 것이다"(67)[5]라고 말한다. 죽음의 수수께끼 같은 불안에서 본질적인 것은 단지 심리적인 것, 고조된 민감함 또는 신비적인 황홀이 아니라 그 불안이 우리를 우리의 존재에 접근시키는 것에 있다. 죽음은 우리를 하나의 절대적인 극한으로 밀어붙이고 걸핏하면 자기를 도피하려고 하는 생을 피하려야 피할 수 없는 자기에게로 직면·접근시킨다. 생이라는 것은 양상을 전혀 달리하는 죽음에서야말로 우리가 생의 꼴을 발견할 수 있는 거울이다. 그런 접근 속에서 우리의 불안은 거듭 현저해지고 있음이 틀림없다. 왜냐하면 인간의 존재는 그 본래에 있어서 질문해야만 하는 존재이기 때문이고, 이 존재를 향한 접근은 그런 질문해야만 하는 성질을 한층 더 분명하게 하는 것 이외의 다른 결과를 갖지 않기 때문이다. 죽음은 인간적 존재 그 자체의 근본적 규정에 속한다. 따라서 생의 자기도피로서의 위락[기분전환]은 특수한 의미에서 생이 죽음을 사고하는 것을 피하려는 현상으로 간주된다. 주의 깊은 독자는 파스칼이 위락하는 자를 두고 "자기에 대해 사고하지 않는다"고 쓸 때, 그것이 "죽음에 대해 사고하지 않는다"는 뜻이었음을 자주 발견할 것이다. 그는 명백히 말한다. "인간은 죽음, 비참, 무지에서

· ·

5. [이 책 5장 2절에서 다시 인용되고 있는 이 단편의 문맥은 다음과 같다: "학문의 헛됨. 외적 사물에 대한 지식은 내가 고난을 당할 때 도덕에 대한 나의 무지를 위로해 주지 못할 것이다. 그러나 도덕에 대한 지식은 외적 학문에 대한 나의 무지를 항상 위로할 것이다."]

놓여나는 것이 결코 불가능했기 때문에, 그것들에 대해 아무 생각도 하지 않는 것을 궁리함으로써 스스로를 행복하게 하려고 했다."(168) "위락은 비참한 우리를 위로해 주는 유일한 것이다. 그러나 그것이 우리의 가장 큰 비참이다. 위락은 우리를 흥겨워하도록, 그리고 우리로 하여금 알지 못하는 사이에 죽음에 도달하도록 인도한다."(171) 그러나 죽음은 피하려야 피할 수 있는 것이 아니다. "우리는 우리와 닮은 이들의 사회 속에서 안락해하는 것을 좋아한다. 그들은 우리와 같이 비참하고 우리와 같이 무력하다. 그들은 우리를 도와주지 않을 것이다. 사람들은 다만 홀로 죽어가는 것이다."(211) 거기에서 죽음은 생의 자기도피의 한계이다. 어떠한 종류의 위락도 끝까지 [생을] 은폐하고 분산시킬 수는 없다. 오히려 무엇보다 불가사의한 것은 죽음이 생의 저편에서 생에 대립하는 것이 아니라 "각각의 순간에 우리를 위협하는"(194) 것이라는 데에 있다. 생은 자기를 되돌아보는 매회 죽음을 본다. 생은 죽음이고 죽음은 생이다. 이리하여 다시 인간의 존재는 무엇보다도 질문해야만 하는 존재이다. 우리는 플라톤의 대화편에 나오는, 인간 중에 가장 현명한 자로서 소크라테스가 죽음이라는 것과 만나 반복했던 저 에우리피데스의 말, '생이 죽음이고 죽음이 생일 수 있는 것을 누가 알겠는가'라는 말의 깊은 의미를 상기할 것이다. 오직 범용한 자만이 무엇이 생이고 무엇이 죽음인가를 잘 알고[분별하고] 있다.

　범용한 영혼이 그 어떤 곤란도 외면하는 곳, 가장 현명한 자가 그곳으로 도약하는 것은 어떤 까닭인가. 생각건대 현명한 자는 범용한 자와 마찬가지로 자연적인 두 눈을 가진 것에 더하여 한 쌍의 '다른 눈'을 갖추고 있다. 이 다른 눈은 그에겐 '죽음의 천사'에 의해 주어졌을 것이다. 사유의 최고법칙으로 간주되고 있는 모순율은 부득이하게 우리로 하여금 생과 죽음이 동시에 존재할 수 없는 것임을 승인하게 할 것이지만, 그 다른 눈을 부여받은 자에겐 모순율의 명증함도 그만큼 자명하지 않으며 그 법칙성 또한 그만큼 기본적이지 않다. "많은 확실한 일들의 사정은 실은 모순이다. 많은 허위적 일들의 사정은 모순 없이 성립한다. 모순이 허위의 표시가 아닌 것은 모순이 아닌 것이 진리의 표시가 못 되는 것과 마찬가지이다."(384) 인간 연구에서 중요한 것은 생 그 자체의 중단 없는 발견에 있는 것이지 단순히 이론적으로 정합적인 명제를 구하는 것에 있지 않다. 생이 인간에 있어서 창조된 것이 아닌 것과 같이, 죽음 또한 그에게 있어서 창조된 것이 아니다. 그리고 생과 죽음이 동시에 존재한다고 말하는 것은 싸워서 얻을 수 있는 사실이 아니다. 모순이야말로 인간의 존재방법의 근본적 양태이다. 본디 이와 같이 생각하는 것은 세상의 소위 깨어있는 자들의 관점에서 보면 아마도 광기에 가까운 것일지도 모른다. 하지만 모순에 대한 그런 생각은 분명히 '다른 눈'을 가지고 보는 일임에 틀림없다. 그것은 의심할 것 없이 '죽음의 관점Todesansicht'이다. 모든 일상의 견해와 이해로부터, 곧 '생의 관점Lebensansicht'이라고도 부를 만한 것으로부터 멀리 떨어져 있고 그런 생의 관점을 씹고 찢는 저 죽음의 관점이 오히려 우리들 생 그 자체에 대한 바르고 깊은 통찰을 지닌 것이 아니라고 누가 보증할 수 있겠는가. 생의 관점은 생에 대해서는 오히려 무관심하고 무신경하다. 생의 관점을 길러낸다고 할 수 있을 과학이나 철학도 누차 자기 존재의 비참한 상태로부터 눈을 돌리도록 하기 위하여 단지 논의를 논의하는 위락에 지나지 않는다. 무엇보다 그것들은 많은 경우 생의 자기도피의 수단이다. 그런데 죽음[으로]의 관심은 우리로 하여금 생에 근접하게 한다. 그리고 죽음은 절대성을 지니고 있다. 이 물러섬 없는 입장에 서서 생을 가까이 바투 반성하는 죽음의 관점이야말로 생을 이해하는 근거이지 않으면 안 된다. 죽음의 관점은 무엇보다도 우리를 회의와 불안에 빠지게 한다. 범용한 영혼이 안이함과 만족함 속에 있을 때 가장 사려 깊은 자가 곤혹과 전율을 느끼는 것은 무슨 이유 때문인가. 생각건대 우월한 혼은 자기 존재를 정직하게 보고 솔직하게 질문하는 것을 알고 있기 때문일 것이다. 그가 요구하는 것은 인간의 궁극적 종합을 주는 최후의 답이다. 그는 이 궁극적인 것의 한계를 자기 생각대로 움직여 그 [한계가 가진] 거리를 마음대로 단축하지 않는다. 그것은 최후의 답이어야만 하는 까닭에 그는 일시적인 여러 해답이나 해결에 만족하는 것이 불가능하다. 그의 앞에선 새로 태어난 답이 곧바로 새로운 질문으로 변해간다. 그 어떤 질문에 대한 답도 그에게는 인간 존재의 질문을 풀어헤치기 위한 도움이 아니므로, 존재의 저 질문해야만 한다는 특질을 끊임없이 새롭게 발견하는 것이 오히려 그의 과제가 되는 것이다. 최후의 궁극적인 답을 요구하는 것에서 발생했던 그의 질문은 전체의 생이 질문해야 할 것이 되는 곳에서 그 충만한 표현을 발견하는 것이다. 그렇게 그는 자기 걸음의 일보 일보에서 질문한다. 그는 질문하는 자로서 스스로 질문하게 되는 자이다. 아름답게 조화를 이루고 있는가와 같이 질문으로 보이는 모든 답은 '사람은 다만 홀로 죽어간다'는 사실과 마주해서는 모두 부서져버린다. 그러나 단절 없이 요구하는 것을 포기하지 않는 까닭에 그는 항상 불안하다. 이러한 태도는 물론 통념적인 회의론이 아니다. 그것은 '회의론scepticisme'이 아니라 '종교적 불안inquiétude religieuse'이라고 적절하게 불러야 한다. 회의론자라고 말하는 것은 그 어떤 확실한 것도 찾을 수 없게 된다는 것이기에, 회의론자일 때 우리는 요구함이 필요 없다고 믿는 자이다. 파스칼은 결코 회의론자가 아니었다.

종교적 불안은 확실한 것을 끈덕지게 간구하는 자의 불안이다. 그리고 그런 절대적인 것이 인간의 모든 가능한 존재 속에 가로놓인 게 아님을 드러내 보여주는 것이 죽음의 지혜이다. 사람이 죽음의 불안에 의해 무엇보다도 생을 향해 근접할 때 그가 마주치는 것이 수수께끼인 것은 생의 의미가 생 그 자체에 내재하지 않는다는 것을 증명한다. 그의 불안이 갖는 종교적인 것의 현저한 특색은 그가 체념 없이 또 권태 없이 요구하는 인간이라는 데에 있다. 그리고 그런 종교적 불안이야말로 파스칼의 사상을 당대의 다른 지배적 사상들로부터 구별하고 그것들 사이에서 지극히 독자적인 위치를 점할 수 있게 하는 것이었다. 1650년을 둘러싸고 세력을 가졌던 사상들은, 하나는 자기의 이지理智와 의지에 한계 없는 신뢰를 보내며 의지했었던 스토이시즘——그것은 오만을 설하는 것이었다doctrine d'orgueil——이었고, 다른 하나는 되어가는 대로 맡겨 생을 향락하도록 하는 에피큐리즘——그것은 나태를 설하는 것이었다doctrine de paresse——이었으며, 또 하나는 오만과 나태를 욕망하는 것이 아니라 때로는 겸손과 절도를 알면서 이 세상의 미적인 완성을 권하는 세련된 에피큐리즘——그것은 우아미를 설하는 것이다doctrine d'élégance——이었다. 이들 세 개의 사상에 공통된 것은 인간에게 무엇보다 긴요한 것이 자기 자신의 장인工匠이 되는 일이라고 여기는 것이다. 그들은 자기에 대해 만족하고 그런 상태가 자연적으로 완전히 만족되도록 하는 것에 무엇보다도 관심을 기울인다.[6] 이와는 전혀 반대로 파스칼에게 주도적인 사상은, 그 자신의 유명한 말을 사용하자면, "자기는 혐오스러운 것이다Le moi est haïssable"(455)라는 것이다. 파스칼도 당대 다른 사람들과 같이 인간을 연구하는 것이 긴급한 일임을 말하지만 그가 자기를 반성하는 것은 자기에 도취한 자기를 찬미하기 때문이 아니라 자기의 있는 그대로의 비참과 결함을 아는 자기에게 침을 뱉고 그런 자기를 내다버리며 그런 자기를 증오하기 때문이다.[7] 『팡세』의 최초의 목적은 인간을 곤혹으로 몰아가 불안에 함입되는 것이었다. 그것이 곤혹으로 몰아가는 까닭은 인간의 구제가 그의 생 그 자체 속에는 없다는 것을 깨닫도록 하기 위해서이며, 그것이 불안에 함몰되는 까닭은 인간으로 하여금 성실하게 신을 간구하도록 하기 위해서이다. 파스칼 신학의 무엇보다 현저한 특색은 그것이 "신음하며 추구하는 자ceux qui

• •

6. J. Merlant, *De Montaigne à Vauvenargues*, p. 249 et suiv. 참조.

7. 샤론이 그의 책머리에 썼던 "la vraye science et le vray étude de l'homme, c'est l'homme[진정한 과학 및 인류가 진정으로 연구해야 할 것, 그것은 사람이다]"(Pierre Charron, *De la sagesse*, I, 1.)라는 문장은 몽테뉴로부터 시작한 프랑스에서의 인간 연구의 모토이다. 역시 앞서 인용해 두었던 『팡세』 단편 144번을 참조.

cherchent en gémissant"(421)의 사상이라는 데에 있었다.

그래서 인간은 불가능을 추구한다. 모순이 그의 본성인 것과 같이 불가능을 희구하는 것은 그의 본성이다. 죽음의 관점은 생 그 자체를 가능화하는 입장이었다. 그리고 그것은 동시에 불가능을 가능화하는 입장이기도 하다. 죽음의 관점을 통해 우리의 생이라는 것이 단지 인간의 한 가지 가능한 존재 방법에 지나지 않는 것임을 배운 자에겐, 일찍이 절대로 불가능한 것으로서 배려하지 않았던 것을 지금은 가능한 것으로서 소망하려는 마음의 지향이 불가항력적으로 드러난다. 죽음은 생의 근본적 규정이다. 따라서 이 생에 무엇보다 불가능한 것은 '불사不死'이다. 생의 구체적인 시간은 우리의 관심에서 규정되지만, 시간은 우리의 관심 속에서 무엇보다 커진 것, 즉 죽음에 대한 관심을 통해 무엇보다 밝게 의식된다. 죽음에 대한 관심은 시간에 대한 의식의 가장 결정적인 요소이다. 지나가는 시간의 자각은 우리로 하여금 생의 짧음을 알게 한다. 짧은 생에 있어서 무엇보다 불가능한 것은 '영원'이다. 이리하여 불사와 영원은 자각적인 생이 가장 관심을 갖게 되는 것이 아닐 수 없다. 영혼의 불사는 우리에게 두텁게 관계 맺고 깊숙이 접촉하는 사물의 형편이라고 파스칼은 쓰고 있다(194). "나는 사람들이 코페르니쿠스의 학설을 깊이 연구하지 않아도 좋다고 생각한다. 그러나 영혼이 불멸하는 것인가 불사인 것인가를 아는 것은 전체의 생에서 중대하다."(218) 그럼에도 사람들은 영세永世에 대해 사고하는 것 없이, 아는 것 없이, 추구하는 것 없이 그저 태연하다. '이 무지[의 상태]에 그런 휴식'만큼 무서운 것은 없다. 어떤 위탁물의 분실 또는 명예의 상상된 훼손에 대해 낮밤에 걸쳐 거듭 분노하며 절망하는 인간이, 죽음에서 모든 것을 잃을 위험이 끊임없이 닥쳐오고 있는 것에 대해서는 불안 없이 또 감동 없이 시간을 보내고 있는 것은 기괴한 일이다. "사소한 일에 대한 인간의 민감성과 큰일에 대한 인간의 무감각은 하나의 기이한 전도의 표시이다."(198) 이 전도에 직접적으로 응답해 가치를 바르게 결정하는 것은 죽음의 지혜이다. 종교적 불안은 진리로 가는 길이다.

2

위의 예비적인 이해를 행한 이후, 비로소 나는 파스칼의 '내기pari'를 해석할 수 있는 지반을 찾은 것 같다. 이 내기에 대한 해석과 평가는 오랜 역사를 갖는다. 여기서 나는 그 역사를 더듬는 것을 그만두고 진리에 걸었던 내기 그 자체에 대한 설명으로 바로 들어가려 한다. 내기는 신의 존재와 부재를 문제 삼는다. 신은 존재하는가 존재하지 않는가. 나는 어느 쪽으로 결정할 것인가. 이 경우 이성은 어떤 것도 정할 수 없다. 오히려 나는 거기서 나를 거리 두는[나 자신을 거절하는] 한계 없는 혼돈을 발견하는 것이다. 이 무한한 거리 끝에서 하나의 승부가 진행되고 사람은 동전의 앞면[신의 존재]이 나올지 뒷면[신의 부재]이 나올지에 내기를 건다. 나는 어느 쪽에 걸어야 하는가. 이성에 따르면 나는 어느 쪽도 뽑을 수 없다. 이성에 따르면 나는 둘 중 어느 쪽도 변호할 수 없다. 나는 내기의 이해득실을 따져보려 한다. 내가 패를 건 쪽은 나의 이성과 나의 의지, 혹은 나의 지식과 나의 정복[淨福, 맑고 조촐한 행복]이다. 그런데 나의 이성이라는 것은 어느 한쪽을 뽑았다고 해서 다른 한쪽을 뽑았을 때보다 더 많이 손상되는 것은 아니다. 어느 쪽이라도 선택하지 않으면 안 되기 때문이다. 거기서 한 가지 문제가 정리된다. 그렇다면 나의 행복은 어떻게 되는가. 지금 나는 동전의 앞면에, 곧 신이 존재한다는 쪽에 패를 걺으로써 그 이득과 손실을 헤아려보고자 한다. 이때 내가 이긴다면 나는 모든 것을 얻는다. 내가 진다 하더라도 그 무엇도 잃는 것은 없다. 따라서 나는 머뭇거림 없이 신이 존재한다는 쪽을 뽑아야 한다. 하지만 멈춰 생각하면 나는 너무 많은 것을 내기에 걸고 자신을 위태롭게 하고 있는 것이 아닐까. 이길 기회가 단 한 번밖에 없다고 간주되어도 이 승리로 내가 이득을 보는 것은 영원한 생과 무한한 행복에 관련된 것이다. 그리고 다른 쪽으로 봐도, 지게 되는 기회는 한정되어 있으며 내가 내기에 건 것은 그저 제한된 행복만을 가지고 있는 현재의 생에 지나지 않는다. 무한을 얻게 되는 것, 더군다나 승리의 기회에 비해 패배의 기회의 수가 무한하지 않을 경우 나는 조금도 주저할 필요 없이 아무쪼록 모든 것을 저 내기에 걸어야 한다.[8]

우리는 이 내기의 본질을 어디서 추구해야 하는가. 오늘날 무엇보다 널리 진행되고 있는 것은 수학적 해석이다. 곧 파스

● ●

8. [이 부분은 『팡세』 단편 233번의 반복이다: "이 경우 내기는 하지 않을 수가 없다. 여기에는 선택의 여지가 없다. 당신은 이미 그렇게 운명지어져 있는 것이다. 그렇다면 어느 쪽을 택할 것인가? 그렇다. 어차피 선택하지 않을 수 없다면, 어느 쪽이 이득이 적은지 생각해보자. 당신이 잃게 될지도 모르는 두 가지는 진리와 행복이고, 내기에 거는 것도 두 가지, 당신의 이성과 의지 즉 당신의 인식과 행복이다. 그리고 당신의 본성이 피하려고 하는 두 가지는 오류와 비참이다. 어차피 택하지 않을 수 없기 때문에 한쪽을 택하고 다른 쪽을 버린다고 해서 당신의 이성이 손상되지는 않는다. 이것으로 한 가지 문제가 말끔히 정리된다. 그러나 당신의 행복은 어떻게 되는가? 신은 존재한다는 동전의 앞면에 내기의 패를 걸어 득실을 따져보기로 하자. 두 가지 경우를 생각해보라. 만일 당신이 이기면 당신은 모든 것을 얻게 된다. 또 당신이 진다고 하더라도 당신은 아무것도 잃지 않는다. 그러므로 주저하지 말고 신이 존재한다는 쪽에 패를 걸라."]

칼은 신의 존재 증명에 수학 상의 공산법公算法, calcul des proba-bilités[확률계산법]을 사용했다는 식으로 통용되고 있다. 예를 들어 부투르는 파스칼이 말하는 내기를 다음과 같이 설명한다. 모든 내기의 두 가지 사정, 곧 기회의 횟수와 이해득실의 중대함이 고려되지 않으면 안 된다. 어느 쪽을 선택할 것인가에 관련된 이유는 그런 두 가지 요소의 곱셈에 의해 드러난다. 그런데 신을 세우는 것은 무한의 행복을 세우는 것이다. 신이 있다는 기회의 횟수를 될 수 있는 한 적게 계산함으로써 시험 삼아 그것을 전적으로 등치시켜보자. 그러면 신이 존재한다는 쪽은 $1 \times \infty$로 드러나는 것이 된다. 신이 줄 수 있는 행복에 대비해 이 세상의 행복을 헤아릴 때, 그것은 아무리 크게 잡는다 하더라도 유한한 양을 가질 수밖에 없다. 이를 a로 두자. 다른 면에서 신이 없다는 쪽은 기회의 횟수를 될 수 있는 한 많게 하더라도 결국 그것은 유한한 것일 수밖에 없다. 거기서 신이 없다는 쪽은 $n \times a$를 가지고 드러나는 것이 된다. 그런데 그런 곱셈은 분명히 위의 곱셈보다 작다. 그런 까닭에 나는 필연적으로 신이 있다는 쪽에 패를 걸어야 한다.[9]

이런 해석은 명료하다. 그렇지만 우리는 무릇 해석에서 주요한 일이 형식의 수리 과정에서 잃어버린 그 형식의 지반에

9. E. Boutoux, *Pascal*, [Paris Librairie, 1900] p. 179.

대한 이해임을, 개념의 정리 과정에서 잃어버린 그 개념의 태반으로서의 기초경험에 대한 이해임을 잊으면 안 된다. 그러므로 해석은 때로 오히려 개념과 형식을 파괴하고, 그것들의 이름 아래 '그는 무엇과 마주쳤던가'를 이해하는 쪽으로 향해야 한다. 수학적 해석은 단지 내기의 형식을 설명할 뿐 그 형식을 성립시키고 그 형식을 의미 있게 하는 지반에 대해서는 아무것도 가르쳐주지 않는다. 파스칼의 내기가 확률계산의 형식을 취했고 그 지점이 내기에 대한 취급방식의 오랜 역사 속에서 수학적 천재로서의 파스칼의 특색을 발견하게 되는 곳임을 부정하려는 것은 아니다. 그러나 그런 형식을 가지고 내기의 본질적인 것이 표현될 수 있다고 생각할 때 사람들은 중대한 곤란에 빠지게 될 것이다. 내기를 수학적으로 해석하는 것은, 말할 것도 없이 내기의 본질이 이론적으로 신의 존재를 증명하는 데에 있다고 간주하는 것이다. 그리고 우리의 의문은 바로 거기에서 출발한다. 파스칼이 마주쳤던 신은 어떤 신이었던가. 그것은 본디 데카르트가 이론적 인식의 확실성을 보증하기 위해 그 존재의 증명을 필요로 했던 것과 같은 신이 아니었다. 오히려 파스칼은 데카르트의 방법이 단지 합리적인 신을 보여줄 뿐이라고 비난했다. "그리스도인의 신은 단지 기하학적 진리 및 원소의 질서의 창조자로 성립한 것이 아니다. 그런 창조자는 이교도와 에피큐리안의 것일 뿐이다."(556)

파스칼의 신은 "아브라함의 신, 이삭의 신, 야곱의 신이고 예수 그리스도의 신이지 철학자와 박식한 자의 신이 아니다."(*Le Mémorial*) 신은 논리적으로 추리된 신이 아니라, Deum meumet Deum vestrum['나의 신, 곧 너희의 신'(「요한복음」 20: 17)이라고 할 때의 신]이다. 그 신은 물론 More geometrico[수학적인 방법으로] 그 존재를 증명할 수는 없는 것이다. 내기에 대한 이론적 해석은 단순히 대상에 대해 불충분한 것일 뿐만 아니라, 대상을 파악하는 기관에 대해서도 걸맞지 않은 것이다. 파스칼에 따르면 신앙의 주된 기관은 의지이다. 거기서 "신은 예지叡智보다도 의지를 한층 더 많이 움직이길 원한다."(581) "신을 아는 것으로부터 어떻게 신을 사랑하는 것으로 멀리 떨어져 있을 것인가."(280) 파스칼이 추구하는 것은 이론적 증명이 아니라 오히려 의지의 결단의 근거이다. 여기에 내기가 본체론적 증명argument ontologique을 대신해야만 하는 이유가 있다. 내기의 이름은 신의 문제의 중심이 의지에 관계된다는 것을 표현한다. 본체론적 증명은 형식적인 절대자를 세우는 것은 가능하더라도 내용적인, 생명이 있는, 의지에 있어서 의미를 갖는 절대자와는 아무 관계도 없다. 지성의 증명으로서의 본체론적 증명으로부터 의지의 증명으로서의 내기로 이동하는 것은 신의 이념으로부터 신의 실존으로 도달하는 것이다.[10] 내기는 하나의 실천적 증명인 것이다.

내기의 실천적 의의를 분명히 하기 위해, 나는 더 파고들어 내기의 구조를 분석함으로써 내기의 지반, 곧 내기의 기초경험이라고도 할 수 있는 것을 해석하려고 한다. 먼저 첫째로, 나는 반드시 내기를 해야만 하는 것인가. 오히려 일반적으로는 내기를 하지 않는 것이 올바른 것이 아닌가. 파스칼은 답한다. "좋다. 그러나 내기는 행하지 않으면 안 된다. 그것은 기분에 따른 일이 아니다. 당신은 이미 출항[출범]하고 있는 것이다."(233) 왜 그러한가. 내가 내기를 하지 않으면 안 되는 필연성은 이론적으로는 존재하지 않는다. 이론적으로는 내가 내기에 대해 절대적으로 무관심하거나 순수하게 중립적인 것도 가능하다. 그런데 그러한 태도의 채택을 허락하지 않는 것은 우리들 존재의 불안이다. 자각적인 생을 살아가는 자는 불안 속에 있는 까닭에 무관심할 수 없다. 자기 존재의 불안을 아는 자는 추구함을 멈출 수 없으므로 중립적일 수 없다. 무릇 저 종교적 불안은 내기가 의미를 지닐 수 있는 곳의 지반이다. 우리의 속마음에서, 우리의 사방에서 모든 것들은 소리 내어 우리의 비참을 절규한다. 우리들 생의 헛됨, 우리들 사회의 결함, 우리들 이성과 지성의 무력함을 생각할 때 우리에겐 유일하게 절망하는 것밖에는 없을 것이다. 소위 회의론자 필

10. J. Lachelier, *Notes sur le Pari de Pascal*, [Paris, Alcan, 1924]을 참조.

로니언들은 중립적으로 머무를 수 있다고 생각하고 있지만 (434),[11] 자기의 존재 그 자체에 대해 회의와 곤혹을 느끼는 자는 내기 이외에 자기의 상태를 전환할 길을 알 수 없는 것이다. 하나의 궁극적인 의지결정이 나를 기다리고 있다. 나는 이미 출항하고 있는 것이다. 왜 그러한가. 내 행위에서의 하나하나의 동작, 내 의지에서의 하나하나의 운동은 말하자면 내기의 문제에 대한 어떤 해결을 함축하고 있다. 인간은 보통 자애自愛, amour-pro pre를 따라 그것에 만족하며 생활하고 있다. 그런데 자애에 관해서는 어떠한 중립적 태도도 가능하지 않다. 생각건대 자애는 우리들에게 자연적인 것이고 명확한 결단에 의해 자애를 단념하지 않는다는 것은 그런 자애에 우리들 생의 지도를 전부 위임하고 있음을 뜻한다. 그리고 그것은 실제에서 마치 다른 생을 희망하지 않는 것과 같이, 따라서 신이 존재하지 않음을 승인하는 것과 같이 행동하는 이유이다. 영원한 생을, 그러므로 신의 존재를 믿는 것은 이론의 문제가 아니라 실천적인 문제이다. "영혼이 사멸하는가 불사

---

11. [단편 434번의 한 대목: "중립이야말로 회의파의 특성이다. 그들에게 반기를 들지 않는 자는 그들의 편이다. 여기에 그들의 유리한 점이 있는 것 같다. 그들은 자기 자신의 편도 들지 않는다. 그들은 모든 일에 중립을 지키고 무관심하며 결단 내리지 않는다. 이것은 그들 자신에 대해서도 예외가 아니다."]

의 존재인가 하는 것이 도덕에 있어서 근본적인 차이를 만드는 것은 의심될 수 없다."(219) 신이 있는가 없는가에 따라 내가 전혀 다르게 행동하지 않으면 안 되는 것은 분명하다. 그런데 신에 관계하는 한에서 우리가 중립적일 수는 없다. 거기에는 언제나 '이것이냐-저것이냐'가 있을 뿐이다. 신에 가담하지 않는 자는 신에 적대하는 자다(809). 그런 까닭에 만약 사람들이 오로지 자애의 만족으로 살아간다면 그는 단순히 그의 본연에 따라 중립적으로 사는 것이 아니라 도리어 신에 반대하는 쪽에다가 내기를 걸고 있는 것이다. 그가 이 사실을 인식하지 않고 태연할 수 있는 것은 그가 자애에 방해되는 본연의 자기, 즉 있는 그대로의 자기의 상태에 대해 이해하지 못하고 있기 때문임이 분명하다. 자애의 성질은 자기의 진정한 상태를 은폐하는 것에 있다(100). 자기를 사랑하는 자는 그런 자기가 비참과 결함으로 들어차 있음을 보는 걸 좋아하지 않기 때문에 자기 존재의 진리를 자신과 타인에 대해 줄곧 거짓되게 한다. 이 허위의 중립, 허위의 안정을 흔들어 깨우는 것은 종교적 불안이다. 인간 존재의 불안에 대한 자각에서 우리가 내기를 하지 않으면 안 되는 필연성이 성립한다.

둘째로, 일반적으로 내기가 의미 있는 것일 수 있기 위해서는 그 조건으로서 동전의 앞뒤 양쪽 어디에도 동일하게 패를 걸 수 있는 가능성이 있어야 한다. 그런데 신의 존재를 따라

영구적인 행복 속에 있는 것이 가능하다는 것을 무엇이 보증할 수 있는가. 이 경우 신과 같은 영구적 행복의 개념이 논리적으로 모순되지 않음을 증명할 수 있다고 하더라도 충분한 것은 아니다. 그러한 논리적 가능성은 단지 공허한 형식에 지나지 않으며 내기의 출발점이 될 수는 없다. 우리의 경험은 우리의 생, 따라서 이 생의 행복이 실재할 수 있다는 것을 가르친다. 그런데 신과 영생에 대해 그것이 오직 논리적으로 불가능하지 않다고 말하는 것이 아니라 거듭 그것이 실존적으로 가능하다는 것을 보여주는 것은 무엇인가. 그것은 곧 종교적 불안에 다름 아니다. 종교적 불안의 본질은 구求하는 것에 있다. 그렇지만 구하는 자는 이미 얻은 자이다. 왜 그런지 파스칼은 말한다. "그대에게 위로 받는다. 혹여 그대에게 나와의 마주침이 없었더라면 그대는 나를 찾지 않았을 것인가 Console-toi, tu ne me chercherais pas, si tu ne m'avais trouvé."(Le Mystére de Jésus[예수의 비의(단편 553번)])[12] 우리의 구하는 마음에 의해 혼탁해지지 않는 것인 한에서, 우리의 불안에 의해 확실해지

. .
12. 파스칼의 이 말은 아우구스티누스의 『참회록』 제10권 18장에서 나온다. 또 우리는 같은 10권 20장에서 아우구스티누스가 'neque enim amaremus eam, nisi nossemus[만약 우리가 알지 못했더라면, 우리는 그것을 사랑하지 않았을 것이다]'라고 쓴 것을 찾을 수 있다.

는 것인 한에서 신이 실존할 수 있는 가능성은 그 불안, 그 구하는 마음속에 주어져 있다. 무릇 그리스도인基督者의 신의 특질은 그것을 소유하는 자에게 그의 비참함을 내면적으로 느끼게 하는 데에 있다(556). 숭배하는 자에게 섭리를 따라 단지 행복한 영생을 주는 신은 그리스도인의 신이 아니다. 불안은 신의 체험에 있어서 시원적이자 근본적이다. 그래서 파스칼은 재차 쓴다. "(새로운 빛을 본) 영혼은 일찍이 그를 즐겁게 했던 것들을 이제는 편안하게 맛보는 것이 불가능하다. 하나의 연속적인 불안이 그런 향락을 맛보는 그와 싸운다. 그리고 이 내면적인 눈은 그에게 일찍이 그가 온 마음을 기울여 몸을 내맡긴 시간 속에서 익숙해졌던 쾌감을 지금은 찾아볼 수 없도록 한다."(X, 422)[13] 종교적 불안을 깊숙이 그리고 분명히 체험하고 이를 속이는 일 없이 고백하는 것에서 우리는 파스칼의 사상이 지닌 무엇보다 현저한 특색과 마주하는

· ·
13. 파스칼과 많은 점에서 공통된 영혼을 지녔던 키르케고르는 우리에게 말한다. "그리스도교가 세상에 나타났을 때, 그리스도교는 자신이 화가 나 있음(Ärgernis)을 내보일 필요가 없었다. 왜냐하면 그때 화가 났던 세계는 그리스도교의 상태를 충분히 발견할 수 있었기 때문이다. 그러나 오늘날 세계는 그리스도교적으로 되어버렸기 때문에, 지금 그리스도교는 무엇보다도 자기 스스로가 화를 내고 있음에 주의하지 않으면 안 된다."(Søren Kierkegaard, *Leben und Walten der Liebe*, S. 209.)

것이다. 그리고 마침 그러한 이유로 니체는 파스칼이 '모든 그리스도인 중에서 제1인자der erste aller Christen[『안티크리스트』의 한 구절]'임을 발견할 수 있다고 믿었던 것이다. 구하는 자의 정열, 인생을 이해하는 재주와 지혜, 불안의 고백, 이것들의 정직한 결합에서 파스칼은 가장 그리스도인다운 사람이었다. 그리고 바로 그런 이유에서 자기의 깊은 내면에 숨겨져 있던 그리스도인이 밖으로는 사납게 드러났던 저 예민한 안티그리스도인[니체]은 파스칼이라는 그리스도인에게서 자기와 동일한 영혼을 느꼈던 것이다. 그런 니체는 '오직 무덤이 있는 곳에서만 갱생이 있다'고 말한다. 새파래지고 수척해진 얼굴 위에서만 새로운 미래의 서광이 가로지르고 있다.

그렇지만 셋째로, 신 따라서 영원한 정복淨福 속에 있는 것이 실재적으로 가능하다고 하더라도, 혹여 이 세계의 생, 따라서 현재의 행복이자 절대로 확실한 것이 있다면, 내기라는 것은 본래적 의미에서 성립하지 않을 것이다. 왜냐하면 확실한 것과 가능한 것은 서로 다른 차원에 속하고 내기는 같은 차원의 가능한 것들 사이에서만 성립할 수 있기 때문이다. 사실 사람들이 내기를 해야만 하는 내면적 이유를 경험하지 못하는 것은 그들이 그런 생, 그리고 그것이 가져올 행복이 절대로 확실한 것이라고 믿고 안심하면서 그것들에 집착하기 때문임이 분명하다. 그런데 이러한 확실과 안정을 동요시키는 것은 우리들 존재의 반성에 필연적으로 수반되는 불안이다. 특히 죽음의 불안은 인간에게 생이라는 것이 존재의 가능한 하나의 존재방법에 지나지 않는 것임을 이해시킨다. 죽음의 관점은 실로 생 그 자체를 가능하게 하는 입장이었다. 이 입장에서 현재의 생이 확실하지 않으며 필연적이지 않다고 말하는 것을 배울 수 있었던 사람에게만 내기는 충분한 이유를 가진 것이 될 수 있는 것이다. 그런 까닭에 여기서도 또한 종교적 불안이라는 것은 무릇 내기가 의미 있는 것이기 위한 근거이지 않으면 안 된다.

이리하여 나는 인간 존재의 불안에 대한 자각에서 파스칼의 내기를 해석하는 지반을 발견할 수 있었다고 생각한다. 이 경우 내기에서의 계산이라는 것은 독립적으로 신의 존재를 증명하는 것이 아니라 오히려 신을 향한 신앙에의 의지결정이라는 목적을 위해 하나의 실천적인 지혜로서 수단의 사용을 구성하는 것에 지나지 않는다. 내기의 이론은 종교적 불안의 기초경험 위에서만 비로소 그 증명의 힘을 발휘할 수 있다. 죽음의 관점을 떠난 내기는 있을 수 없는 것이다.

제3장 사랑의 정념에 관한 언설

『사랑의 정념에 관한 언설Discours sur les passions de l'amour』이 빅토르 쿠쟁에 의해 처음으로 발견된 것은 1842년이다. 이 발견은 역사가나 철학자의 놀라움과 기쁨의 대상이었을 뿐만 아니라 이후 그들 간의 끊임없는 논쟁과 비평의 씨앗이 되었다. 사람들은 먼저 파스칼에게 사랑의 경험이 있었는지, 혹여 있었다면 그 상대는 누구였는지에 대해 논했다. 그러나 그런 문제들에 앞서 결정해야 할 한층 더 중요한 사정은 그 책이 과연 파스칼 자신의 저작인가 아닌가 하는 것이었다. 왜냐하면 쿠쟁이 발견했던 것은 사본이지 원본이 아니었고, 그 사본에는 표제 이외에 '사람들은 그것을 파스칼 씨에게 귀속시킨다on l'attribue à M. Pascal'라고만 써져 있었을 뿐이기 때문이다. 이 책의 원본은 아직까지 발견되지 않았고 그것이 파스칼의 저작인 것을 증명할 외면적인 전거 또한 여전히 오늘날까지 발견되지 않는다. 그럼에도 책 본문에 대한 내재적 비평이 그 책을 파스칼의 저작으로 간주할 근거를 줄 수 있다는 의견이 현재 파스칼 연구의 권위 있는 학자들 사이에서 통용되고 있다. 나는 이에 대해 사람들이 신뢰할 만한 이유가 있다고 생각한다. 그렇지만 내가 여기서 다루려는 것은 위와 같은 여러 문제들 중 어느 하나가 아니라, 오히려 직접적으로『사랑의 정념에 관한 언설』의 내용을 분석하고 해석한 다음, 그것을『팡세』의 사상과 비교하고 대조함으로써 파스칼로 하여금 파스칼 자신을 비판하게 하는 것이다. 이때 우리는 미리 한두 가지 사실을 상기하는 것을 잊으면 안 된다.『사랑의 정념에 관한 언설』이 작성된 시기를 애초부터 명확히 정할 수는 없지만 그것이 파스칼의 두 번째 개심改心, 즉 궁극적인 개심에 앞선 시기인 1652년과 1653년 무렵의 저작으로 여겨지는 것이 일반적으로 일치되고 있는 평가라는 점이다. 그 시절, 소위 말하는 '땅 위의 생'의 시대에 파스칼은 메레Chevalier de Méré와 가깝게 사귀고 깊은 감화를 받았다.[1] 데카르트가 왕녀 엘리자베스를 위해『정념론Des passions en général』을 썼던 것은 1646년

1. [메레, 1608~1684. 프랑스 귀족 출신의 작가, 에세이스트, 수학자, 도박사. 내기와 확률, 불확정성 하에서의 결정에 관한 편지를 파스칼과 주고받았음.]

이고, 그것이 세상에 나온 것은 1649년이다. 파스칼이 정념에 대한 데카르트의 사유를 알고 있었음은 의심의 여지가 없다. 『사랑의 정념에 관한 언설』이 무엇보다도 두 사상가[메레, 데카르트]의 영향에 기초해 있다는 것을 기억해 두지 않으면 안된다.

"인간은 생각하기 위해 태어난다."(III, 119)——"우리가 다만 사랑하기 위해 이 세상에 있는 것을 누가 의심할 것인가."(III, 123) 생각하는 것, 사랑하는 것, 파스칼에 따르면 그것들은 인간의 본성이다. 이 본성에 응하며 살아가는 것은 행복을 만드는 것 외에 다른 게 아니다. 그리고 행복을 충족시키는 것은 인간 존재의 목적을 완전하게 하는 것이다. 우리는 이미 분석의 출발점에서 『사랑의 정념에 관한 언설』이 생에 대한 전적으로 내재적인 해석을 겨냥하고 있었음을 알고 있다. 왜냐하면 행복을 구하는 것은 우리의 생 그 자체 안에 갖춰진 근본적 요구이기 때문이다. "인간은 쾌락을 위해 태어난다. 그는 그것을 느낀다. 그것 외에 사람은 다른 증거를 요구하지 않는다."(III, 126) 그리고 행복에 몸을 맡기는 것은, 파스칼에 따르면 "이성을 따르는" 것을 일컫는다.[2] 생의 내재적 해석은

⁘

2. 파스칼에게 '이성(raison)'은 단지 지적인 능력만을 일컫는 것이 아니다. 이 단어는 보른하우젠이 거듭 적절히 해석하고 있는 것처럼

『팡세』에서 기획된 생의 해석, 곧 인간의 존재를 초월적인 것과의 관계에서 해석하는 것과 현저한 대조를 이루는 것이다. 그런데 생과 초월적인 것의 관계를 드러내는 것은 종교적 불안 이외에 다른 게 아니다. 종교적 불안의 결핍은 지금 내가 연구하려는 『사랑의 정념에 관한 언설』에서 무엇보다 주목해야 할 특색이다.

인간을 사유적 존재로 규정하는 것은 말할 것도 없이 올바르다. 그러나 그것은 일면적인 관점에 지나지 않는다. 왜냐하면 "인간은 분명히 생각하기 위해 만들어진 것"(146)이지만 사랑 또한 그의 본성에 속하고 그것을 결여해서는 그의 존재성이 완성되지 못하기 때문이다. 오히려 정념이라는 것은 지적 작용과 동등한 권리를 가진 것으로 주장되지 않으면 안 된다. 파스칼은 정념의 권리를 정신적 필연성으로서의 이성에 정초시킨다. 그는 말한다. "정념이란 과도함 없이는 아름답게 있을 수 없다. 그 과도함에 있어서 인간이 세상의 평판을 아랑곳하지 않는다는 것은, 그것이 이미 우리의 행위가 이성으로부터 나온 것이기에 세상이 그 행위를 비난할 수 없음을 알고

• •
넓게는 '정신적 필연성(geistge Notwendigkeit)'을 뜻한다. 정신적 필연성은 본디 합리적 필연성에 국한되지 않는 것이다(K. Borhausen, *Pascal*, S. 86 u. 87 Anmer kung).

있기 때문이다.'(III, 135) 그렇지만 정념의 의의는 우리들 존재의 근본적인 상태를 반성할 때에 무엇보다 명료해진다. 생각건대 운동성이란 인간의 근본적 규정이다. 따라서 "그는 한 가지 양태의 생활에다가 자기를 적합하게 맞출 수 없다. 그는 운동과 활동을 요구한다. 바꿔 말하면 그 생생해진 깊은 근원이 그의 심장으로 느끼는 바의 정념에 따라 그때그때 움직여지는 것이 필요하다.'(III, 119) 사유는 인간의 본성에 속하지만 순수한 사유는 지나치게 오랜 시간에 걸칠 때 사람을 피로하게 하고 기운을 떨어뜨리게 한다. 이에 반해 그 스스로 특수한 운동성으로서의 정념은 운동성을 본질로 하는 인간의 존재 전체에 최적화된 영혼의 작용이다. 자각적 사유는 인간에게 '자연적'인 것이지 자연이 아닌 바, 그에게 '자연'인 것은 오히려 정념이다. 생에 대한 정념의 우월한 의미는 근본적으로는 우리가 운동적 존재라는 점에 있다고 생각해야 한다. 이 정념을 단념하고 부정하는 것은 생 그 자체를 단념하고 부정하는 것을 가리킨다. 생의 목적은 생의 자연을 멸하는 데 있는 것이 아니라 그것을 깨끗이 하고 그것에 빛을 주는, 그리하여 생의 자연에 심도를 더하는 데 있다.

사유와 사랑은 단지 인간의 두 본성일 뿐만 아니라, 또한 상호 간에 밀접한 관계를 갖고 있다. 한쪽의 순수한 사유가 우리의 존재 전부를 만족시키지 못하는 것은 물론이지만 다른 한쪽의 사랑이 시인의 사유와 같이 맹목적이지 않은 것도 또한 분명하다. 혹여 사람이 사랑으로부터 지성을 제거해야만 하고 또 제거할 수 있었다면 "우리는 몹시 불쾌한 기계일 것이다."(III, 136) 오히려 사랑은 사유와 떨어질 수 없이 결합해 있는 것이었고 그것이 마치 사유를 배제하는 듯 보이는 것은 사랑을 향하는 사유의 작용 방식이, 사랑 아닌 다른 대상으로 향하는 사유의 작용 방식과 전혀 동일하지 않기에 그런 것이다. 사유는 사랑을 향해 작용할 때 화급하며 모든 것을 근본적으로 음미하지 않고 편파적으로 자기를 한쪽에 내던진다. 그런 사유라 할지라도 결국에는 이성의 한 가지 작용에 다름 아니다(III, 136). '화급성火急性, précipitation'은 사랑을 향한 사유의 제1의 특색이다. 그렇지만 이 사유는 오직 화급한 것만은 아니다. 그것은 또한 집착적이다. 파스칼은 "사랑은 오직 사유의 집착에 있어서만 성립한다"(III, 136)고 말한다. 지적인 사유가 단지 대상을 향해 주의를 기울이는注意的, attentif 데에 지나지 않는 것임에 반해 사랑의 사유는 상대에 대해 집착적at-taché이다. 곧 사랑의 사유는 정념적·의지적情意的, affectif 관계를 지니고 있다. '집착성attachement'은 사랑에 있어서 사유의 제2의 특색이다. 이와 같이 사유가 사랑을 향해 화급하고 집착적인 것은, 그것이 정념·의지와 함께 작용하는 지성이기 때문이다. 화급하고 집착적인 사유는 의심할 것 없이 대상의 진위를 판별하는 것에 적절하지 않다. 그런데 사랑에 있어서 대상의 진리와 허위를 구별하는 것은 일차적인 것이 아니다. 파스칼은 쾌락에 관해 이렇게 말한다. "참된 쾌락도 거짓된 쾌락도 마찬가지로 마음을 만족시킬 수 있다. 생각건대 쾌락이 거짓이라고 말하는 것은 쾌락이 오직 참된 것이라고 믿고 있을 때조차 그 어떤 의미도 갖지 못하는 것이다."(III, 126) 이에 파스칼은 데카르트의 사상을 이어 정념의 대상을 참인 것과 거짓인 것으로 구별하면서도, 데카르트에서 한 걸음 나아가 정념의 무엇보다 중요한 계기가 대상의 진위에 관계하는 것이 아니라는 점에 특히 주의한다. 정념에서 결정적인 것은 지적 판별의 진리성이 아니라 오히려 의지의 동의와 신앙이다. 그런 까닭에 사랑의 정념을 향해 활동하는 사유의 작용에서 대상의 진위 판별은 가장 중요한 임무에 속하는 것일 수 없다. 그런 사유에서 중요한 것은 오히려 대상을 전체로서 포괄적으로 이해하는 능력이다. 이해란 정념·의지의 관계를 포함한 사유의 인식을 일컫는 것이다. 그러한 이해의 관점에서 진위의 판별은 일차적이지 않다. 단지 지적일 뿐인 사유가 구별적인 것임에 비해 정념·의지의 관계를 포함한 사유는 포괄적이다. 우리는 여기서 사랑을 향하는 사유의 세 번째 특색과 만난다. 사랑은 거듭 오해되는 것과 같이 단순히 사유를 포괄하고 있는 것이 아니다. 지성이 의지와 같은 감정에 관계해 작용하는 경우, 그 지성은 순수한 지적 대상을 향한 경우와는 다른 특수한 작용의 방법을 갖지 않으면 안 된다. 사랑의 정념에 대한 분석에서 중요한 것은 단지 그것의 지적 요소를 발견하는 것이 아니라 오히려 사유의 특수한 작용 방법을 분명하게 밝히는 것이다.

그래서 나는 사랑과 사유의 관계에 대해 파스칼의 사상을 한층 상세히 검토해보려고 한다. 먼저 그가 지성의 작용을 두 개의 방향으로 구별하고 있는 것이 발견된다. "두 종류의 마음이 있다. 하나는 기하학적인 마음esprit géométrique이고 다른 하나는 사람들이 섬세의 마음esprit de finesse이라고 부를 수 있는 것이다."(III, 122) 첫 번째 것은 따뜻한, 엄격한, 굽힘 없는 식견을 지니고 있다. 이에 반해 두 번째 것은 그가 사랑하는 것이 가진 사랑할 수밖에 없는 여러 방면들에 동시에 적용시키는 나긋나긋한[탄력적인] 사상을 지니고 있다(III, 122). 기하학적인 마음은 의심 없이 수학적이고 논리적인 인식의 방법을 뜻한다. 그것의 특색은 모든 것의 명제를 근본개념으로부터 유도해내는 것과 같이 근본개념으로 환원하는 데에 있다. 사람들은 정의와 공리로부터 출발하여 한 걸음 한 걸음 증명의 길을 더듬으면서 스스로 그 걸음들의 정의와 공리에 뿌리박고 이후 다시 올 것에 대해 기초가 될 여러 정리[定理, 증명된 진리의 정식]를 추론한다. 그런 원리는 일상의 경험으로부터 떨어져 있기에 무엇보다 뚜렷한 명증함을 지니고 있다. 이 경우 우리는 파스칼이 데카르트와는 다른 수학적 방법의 모색으로서 특히 기하학을 선택했던 것에 주의해야 한다. 데카르트는 사유 방법의 이상으로서 수數를 취급하는 산술을 채택했고, 이 방법을 모든 대상에 응용하는 일을 생각한 끝에 '보편[수]학Mathesis universalis[데카르트의 『정신 지도의 규칙』에서 정식화된, 계측과 사물의 질서 간의 관계에 관한 구성]'의 사상에까지 도달했던 것에 반해, 파스칼은 도형과 양量을 연구하는 기하학을 수학적 사유의 전형으로 간주하는 동시에 이 방법이 가진 극복하기 어려운 제약을 흐트러짐 없이 이해했다. 이는 파스칼의 철저하지 못함을 뜻하는 것이 아니라 오히려 그의 적극적인·보편적인 마음, 사실을 중시하는 그 마음에 폭력을 가하지 않으려는 부드러운 마음의 드러남이다. 섬세의 마음은 기하학적인 마음과는 전혀 다르게 작용하는 방법을 갖는다. 그것은 구체적 존재, 현실적인 형상과 우발적 사건出來事을 그것의 온전한 구체성과 현실성의 관점에서 이해하는 방법이다. 이 방법은 존재의 수량적인 혹은 논리적인 구조를 분석하는 것이 아니라, 살아있는, 소진되기 어려운, 풍부한 존재 그 자체의 특질과 성격을 전체로서 파악한다. 이 원리는 생 그 자체 속에 잉태되어 있다. 이는 본디 그런 원리가 순수하게 경험적인 것임을 가리키는 것이 아니다. 섬세의 마음은 전체의 존재를 그것의 경험적 내용과 선험적 본질의 살아있는 종합 속에서 직접적으로 이해하는 방법이다. "그것은 눈을 통해서 심장에까지 이르며 외부의 운동에 의해 내부에서 일어나는 일의 형편을 안다."(III, 123) 그것은 분명히 하나의 직관이다. 그런데 그것은 자기 속에 구조를 갖는 직관이다. 기하학적인 마음이 주로 두뇌의 일인 것에 반하여 섬세의 마음은 주로 심장에 속한다. 섬세의 마음은 감정적·의지적 관계를 포함하지만, 그 위에 그것은 하나의 방법으로서 그 자신의 특수한 논리를 지니고 있다. 그래서 파스칼은 "심장心臟[정념·감정]은 이성이 모르는 그 자신의 논리를 가지고 있다"(277)고 말한다. 이와 같은 논리에 주목할 때 나는 섬세의 마음을 흔히 이해되고 있는 직관으로 부르기보다는 오히려 이후의 칸트를 상기하면서 '판단력'으로 이름 붙이는 것이 더 적당하다고 본다. 생각건대 칸트가 말하는 반성적 판단력도 자기 속에 선험적인 구조를 지니고 있다. 게다가 그것은 구체적인 존재의 개성을 파악하는 능력이다. 그와 같이 파스칼의 섬세의 마음은 특수한 방법을 따라 개성을 이해하는 마음이다. 『팡세』의 단편 4번은 우리의 해석에 동의를 표하는 것처럼 보인다. 거기에서 파스칼은 섬세의 마음이 판단jugement에 속하고, 그것이 감정과 결부된 것임을 명백히 서술하고 있다.[3]

그래서 사랑의 정념과 특히 밀접하게 관계하는 것은 섬세의 마음이다. 이 관계는 상호적이다. "사랑은 마음을 준다, 그리고 사랑은 마음에 의지해 자기를 유지한다."(III, 127) 먼저 한쪽에서 보자면 섬세의 마음은 사랑을 결여하고서는 전혀 이해될 수 없는 것이다. 이해는 겉보기의 공평함이나 강한 척하는 무관심 위를 가로지르는 것이 아니라 오히려 동정同情과 사랑에 바탕을 두고 진행된다. 사랑에 의해 마음의 눈은 볼 수 있는 것이 된다. 내가 상대를 한층 깊게 사랑한다면 사랑하는 그만큼 상대의 풍부한 내용은 한층 더 많이 나의 이해속으로 들어온다. 마음의 이해는 사랑을 통해 자기를 늘린다. 다른 한쪽에서 보자면 어떠한 정신적 사랑도 섬세의 마음 없이는 성립할 수 없다. 사랑에 빛을 주는 것은 이성이다. "마음의 밝아짐은 또한 정념의 밝아짐을 규정한다. 그런 까닭에 크게 밝아지는 마음은 정열을 갖고 사랑하며, 그때 인간은 그가 사랑하는 것을 판연判然하게 본다."(III, 122) "사람들이 마음을 더 많이 갖고 응답할 때 정념은 그것을 따라 큰다."(III,

3. [단편 4번: "기하학. 직관. 진정한 웅변은 웅변을 경멸하고 진정한 도덕은 도덕을 경멸한다. 바꿔 말해 판단의 도덕은 이지(理智)의 흐트러진 도덕을 경멸한다. 왜냐하면 지식이 이지와 조화되는 것처럼 판단은 본능과 조화되기 때문이다. 직관은 판단의 분야이며 기하학은 이지의 분야이다. 철학을 경멸하는 것이야말로 진정한 철학자가 되는 길이다."]

121) 이성이 사랑의 전제가 되고 조건이 되는 것은 무엇 때문인가. 사랑은 오직 개성적인 것으로 향한다. 보편적인 것은 내가 그것을 이용하는 것은 알아도 사랑하는 것은 모른다. 그런데 일반적으로 존재에서 개성을 발견하고 그것을 이해하는 것은 섬세의 마음이다. 이 마음을 탁월하게 가진 자는 다른 이들에 비해 한층 더 많은 개성을 발견하는 것이 가능하고, 따라서 그의 사랑은 한층 더 커진 작용의 장을 획득할 수 있다. "사람이 한층 많은 식견을 갖는다면 그는 무엇보다도 작은 것에 이르기까지 사랑할 것이다."(III, 139) 파스칼은『팡세』에서 "인간은 더 많은 마음을 갖고 응답할수록 그만큼 더 많은 특이한 인간들이 있음을 발견하게 된다. 평범한 사람은 인간들 사이에서 서로 다른 차이를 발견하지 못한다"(7)라고 말한다. 이리하여 우리는 논리적으로 단언할 수 있다. "사랑의 소질은 마음이 완성함에 따라 발전한다."(III, 123)

기하학적인 마음은 어떤 의미에서 사랑의 정념과 관계하는가. 기하학적인 마음은 개성을 이해하기 위한 하나의 수단이다. 그것은 물론 개성의 이해에 결정적인 것이 아니지만 그렇다고 보조적인 것으로서의 의의를 잃지는 않는다. 그럴 뿐만 아니라 한 걸음 나아가 생각한다면 사랑의 기초가 될 이해라는 것이 최후에는 인간 존재의 전체 일반에 관계하고 있다는 것이야말로 파스칼이 주장하려는 것이다. 오직 위대한 인간에 있어서만 위대한 것은 이해될 수 있다. 파스칼은 말한다. "위대한 영혼에게 모든 것은 크다."(III, 122) 위대한 영혼은 내용적으로 풍부하지 않으면 안 된다. 영혼의 내용이 실로 충만해지기 위해서는 영혼은 기하학적인 마음을 결여해선 안 된다. 따라서 그의 사랑이 위대한 것이기 위해서는 인간은 섬세의 마음과 함께 기하학적인 마음을 또한 구비하지 않으면 안 되는 것이다. "인간이 그 두 마음을 동시에 함께 가질 때 어떤 사랑은 기쁨을 줄 것이다. 왜냐하면 그때 인간은 마음의 힘과 탄력성彈性을 동등하게 소유한 것이며, 이는 두 명의 인간[의 차이]에 대한 이해에서 몹시도 필요한 것이기 때문이다."(III, 123) 동등한 것이 동등한 것을 인식한다, 혹은 존재의 양量은 인식의 양을 규정한다라는 존경할 만한 오랜 원리가 사랑에 대한 이해의 경우에도 특히 타당한 이유로는, 첫째로 사랑의 근거가 되는 개성의 존재론적 구조가 하나의 전체성이면서도 결코 단일한 하나의 양식을 갖고 있지 않다는 것, 둘째로 사랑이 인간 전체로서의 존재에 관계하는 정념이라는 것을 들 수 있다. 개성은 자기 속에 무한의 관계를 내장하고 있다. 이 무한의 관계를 이해하기 위해서는 영혼의 그 어떤 작용도 쓸모없지 않다. 오히려 우리는 개성을 통하여 비로소 다른 인간을 전체적·개성적 존재로서 이해할 수 있다. 이 경우 우리가 '심장의 질서ordre du cœur'를 필요로 하는 것임과 동시에

'논리적 질서ordre logique'도 결여할 수 없음은 물론이다. 사랑의 정념은 우리의 온전한 존재에 관계한다. 먼저 그것은 하나의 정념으로서 순수하게 심적心的이다. "사랑은 사상에 의해서보다도 다른 방법에 의해 규정된다."(III, 138) 즉 사랑은 정념이지만 그런 까닭에 신체적인 관계로부터 떨어져 존재할 수 없다. 그러나 이는 사랑에서 중요한 것이 정념의 관계를 포함한 사유라는 것을 방해하지 않는다. 파스칼은 정념을 정의한다. "정념이란 가령 그것이 신체에 의해 인연의 계기를 줄 수 있다 하더라도, 그것은 순수하게 마음에 속하는 감정과 사상에 다름 아니다."(III, 121) 이미 정념은 사상이고 감정이다. 따라서 그것은 인간 정신의 활동의 전 영역으로 넓어진다. 그래서 파스칼은 이어 말한다. "정념은 마음 그 자체보다 크지 않으면서 마음을 그 전체의 넓이에서 가득 채우고 있음이 분명하다."(III, 121)

인간 영혼의 범위 전체를 충만하게 하는remplir 것은 사랑이라는 정념의 주목해야 할 성질이다. 이 정념이 생에 대해 갖는 가치와 의의는 실로 그것이 우리의 존재성을 충실하게 만족시키는 양量에 관계되어 있다. "위대한 영혼이란 무엇보다도 여러 번 사랑하는 것이 아니다. 내가 말하는 것은 격한 사랑을 가진 영혼이다. 영혼을 움직이도록 하기 위해서는, 그리고 그것을 가득 채우기 위해서는 정념의 범람이 필요하다."(III,

138) 인간의 전적인 영혼을 충족시키는 것으로 사랑의 정념과 겨룰 수 있는 것은 '공명심功名心, ambition'이 있을 뿐이다. 사랑과 공명심은 함께 그러한 탁월한 성질을 가진 까닭에 동시에 있을 수 없다. "인간이 가진 마음의 넓어짐이 어떤 것이라 하더라도, 그에겐 오직 하나의 위대한 정념만이 가능한 것이다."(III, 120) 공명심과 사랑은 범용한 영혼에겐 함께 있을 수 있을 것이다. 그러나 우월한 영혼에게 그 두 정념은 가령 그것들이 지향하는 것이 동일한 경우에 있어서조차 동시에 있는 것은 불가능하다. "인간이 자기와 경우가 같지 않은 한 명의 부인을 사랑할 때, 공명심은 그 사랑의 시작으로 함께 얻는 것일지도 모른다. 하지만 그 뒤에 즉시 사랑은 주인공이 된다. 사랑은 자기 곁의 다른 지배자를 허락하지 않는 전제군주이다. 사랑은 혼자 전체를 거느리고 지배하려 한다. 모든 정념은 굴복해 사랑 앞에 엎드리지 않으면 안 된다."(III, 126) 사랑과 공명심은 함께 병립하는 것이 불가능하다. 둘은 서로를 약화시키고 서로를 멸절시킨다. 그렇지만 사랑의 정념이 탁월하고 위대한 정념으로서 우리의 영혼을 충만하게 할 수 있는 제1의 이유는 바로 그런 전제군주적 성질에 있다. 사랑은 다른 모든 정념을 자기 뜻에 따르게 하고 그럼으로써 전혀 새로운 종합을 구성한다. 따라서 사람은 사랑할 때 그가 일찍이 갖지 못했던 여러 종류의 성격을 발휘하게 된다. 초라하고

빈약한 것에 안심했던 자도 이제는 화사하고 화려한 것이 된다. 인색했던 사람도 이제는 자기 것을 베푸는 데 거리낌이 없는 사람이 된다. 이제 그는 그때까지 자신이 지금과는 전혀 반대의 습관을 가지고 있었던 것조차 생각나지 않게 되는 것이다(III, 135). 사랑은 전제적인 지배자로서 영혼의 모든 작용을 좌우할 수 있는 능력을 가진 까닭에 능히 영혼의 전체를 조화시키고 만족시키는 것이 가능하다. 공명심에 대해서도 마찬가지다. 이에 반해 "다른 정념에 대해 말하자면, 그것들은 자주 서로 혼합되어 매우 불쾌한 혼란을 야기한다."(III, 122) 정념의 착란과 혼동을 방지하는 것은 무엇보다 이성적 사유이다. 그래서 사유의 관계를 포함한다는 것은 사랑의 정념이 인간의 전 존재를 충만하게 할 수 있기 위한 제2의 조건이지 않으면 안 된다. 사유는 정념에 질서와 구조를 준다. 그런데 사랑의 정념은 전제군주적이므로 그것에 응답하는 사유 또한 특수한 성질을 갖는 것이 필요하다. 그 성질이란 앞서 서술했던 사유의 집착성에 다름 아니다. 사유의 집착성은 정념·의지 관계를 포함한 사유의 집중이다. 그 속에서 작용하는 사유가 그런 의미로 집중적인 것일 때, 사랑의 정념은 비로소 독재적인 것일 수 있게 된다. 이를 따라 우리는 공명심에 대해서도 논할 수 있을 것이다. 그렇지만 사랑이 우리의 전 존재를 충족시킬 수 있는 제3의 이유, 무엇보다도 근본적인 이유는 사랑이라는 것이 par excellence[특히 탁월한] 운동적 정념이라는 데에 있다. 사랑은 탁월하게 동적인 까닭에 인간 존재 일반의 본성으로서의 운동성에 적합하며 따라서 존재를 만족시키는 것이 가능한 것이다. 파스칼이 사랑을 인간에게 무엇보다 적절한plus convenable(III, 119), 혹은 무엇보다 자연 그대로의la plus naturelle(III, 127) 정념이라고 부르고 있는 것은 바로 그런 관계를 표현하는 것이다. 사랑의 정념이 특히 동적인 정념이기 위해서는 말할 것도 없이 그 정념 속에 안겨 있는 사유가 특수한 작용의 방법을 갖지 않으면 안 된다. 사유의 그런 특성은 이미 처음에 서술했던 사유의 화급성이 말해주는 것이다. 화급한 사유를 통해서만이 능히 동적인 정념과 함께 작용할 수 있다. 사랑의 정념은 운동이기에 사랑하는 자는 내부에 관련된 운동을 가진 자로서 외부를 향해 필연적으로 운동을 구할 수밖에 없다. 그는 새로운 사건으로 풍부해진 생활을 끊임없이 원하고 있는 것이다(III, 136). 그리고 이 모든 관계는 또한 공명심에 대해서도 똑같이 말할 수 있을 것이다. 우리의 존재성이 운동성에 있는 한, 우리의 영혼이 위대해지면 위대해질수록 운동성은 커지며, 그런 과정으로서 우리가 점점 위대한 활동을 요구하게 되는 것은 분명하다. 이에 반해 작은 영혼의 소유주에게 너무 위대한 운동은 그의 생의 양量에 상응하지 않는 까닭에 거꾸로 불쾌를 초래하는 것에 지나지 않을 것이다. 이를 파스칼의 말로 드러내면 다음과 같다. "운동으로 충만한 생은 위대한 마음의 뜻에 적절하다. 그러나 범용한 자는 거기에서 그어떤 쾌락도 갖지 않는다. 그들은 다만 기계에 지나지 않는 것이다."(III, 121) 생의 본질인 운동성이 결핍되고 그래서 위대한 정념을 결여한 자는 이미 인간성 그 자체를 갖지 못하며 단지 '기계'에 지나지 않는 것이다. 생의 목적으로서의 행복이란 우리들 존재의 본연을 발휘하고 충실하게 하는 것에 있기 때문에, 그것은 무엇보다도 특히 우월한 운동성으로서의 사랑과 공명심에 의해 더 많이 달성될 수 있다. 본디 그 두 정념은 동시에 생에 대해 의의를 드러낼 수는 없지만, 잇따라 생의 행복을 조형하는 것은 가능하다. 젊은 파스칼에게 생의 이상은 어떻게 비춰졌던가. "사랑에 의해 시작되고 공명심에 의해 끝날 때, 생은 아마도 행복할 것이다. 내가 자유롭게 선택할 수 있었다면 나는 바로 그와 같은 생을 골랐을 것이다"(III, 120)라고 그는 고백한다.

나는 지금 파스칼이 상반되는 두 종류의 정념을 구별하고 있는 것에 대해 좀 더 써두지 않으면 안 된다. 그의 문장을 인용하면 다음과 같다. "영혼을 결박하여 그것을 움직이지 못하게 하는 정념이 있다. 그리고 다른 한편에는 영혼을 크게 하여 그것을 바깥을 향해 확장하는 정념이 있다."(III, 136) 이 경우 정념은 인간 존재성으로의 본질적 관계에 기초하여 해석·분류되고 있다. 한 종류의 정념은 그런 존재성의 축소와 퇴각을 야기하는 데 반해, 다른 종류의 정념은 그것의 확대와 팽창을 결과한다. 그런데 이와 같은 구별이 생기는 무엇보다 주된 이유는, 정념이라는 것이 par excellence하게 동적인가 아닌가에 있다. 우리의 영혼을 충만하게 확충할 수 있는 정념은 무엇보다도 우리의 존재성에 가장 적합한 성질, 곧 운동성을 탁월하게 구비하지 않으면 안 된다. 특수한 정념이 가진 이 운동성을 표현하려는 목적에서 파스칼은 그런 종류의 정념을 "불火의 정념passions de feu"(III, 122)이라고 이름 붙인다. 사랑은 공명심과 함께 그와 같은 불의 정념에 속하는 것이다.

"인간은 오직 혼자로는 무언가 불완전한 것이다. 그는 행복 속에 있기 위해 제2의 다른 사람을 찾지 않으면 안 된다."(III, 123) "우리는 우리의 심장에서 충족될 만한 하나의 장소를 갖는 것처럼 보인다."(III, 124) 설령 그가 어떻게 그의 영혼을 채우는 것이 가능한지를 더듬어 찾는다 하더라도 모든 것에 마구 만족할 수는 없다. 그는 오직 아름다운 것에 있어서만 사랑할 만한 것과 마주칠 수 있다. 그런데 인간은 그 자신에게 신이 만든 것 중 가장 아름다운 것이기 때문에 그는 그 자신의 외부를 향해 구하는 아름다움의 원형을 지니고 있어야 한다. 이 원형을 기준으로, 외부에 있는 것이 그런 원형에 적합한지 또는 그것으로부터 떨어져 있는지를 판단하고, 그에 따라 모든 것에 대한 아름다움과 추함의 관념을 구성한다. "각각의 인간은 위대한 세계에서 그 모상copie을 구하는 아름다움의 원형original을 지니고 있다."(III, 125) 여기서 우리는 명백히 플라톤적인 사상이 언표되고 있는 것을 생각해야 한다. 사랑해야 할 것은 무엇보다도 아름다운 것인 까닭에, 그것은 먼저 첫째로 아름다움의 원형에 대해 '적합성convenance'을 가진 존재이지 않으면 안 된다. 그렇지만 우리는 모든 종류의 아름다움을 사랑하는 것이 아니다. 사랑의 정념의 기능은 우리들 존재 전체를 충만하게 하는 것에 있었다. 우리의 영혼을 충만하게 할 수 있는 것은 우리와 닮은, 우리와 무엇보다 가까운 존재이다. 이처럼 사랑해야 할 것은 단지 아름다움의 원형에 적합한 것일 뿐만은 아닌데 그것은 또한 둘째로, 인간을 만족시킬contenter 수 있기 위해 인간의 타입에 대한 '유사성ressemblance'을 가진 존재이지 않으면 안 된다. 나는 나와 유사한 인간을 사랑한다. 그런데 유사성이 무엇보다 효과를 많이 드러내는 것은 가장 상이한 것이 유사할 때이다. 즉 우리는 다른 성을 가진 인간을 사랑한다. 파스칼은 다른 곳에서 말한다. "인간은 천사도 아니고 짐승도 아니다."(358) 인간은 이성적인 동시에 감성적이며 정신적인 동시에 신체적인 존재이다. 그래서 "인간은 단순하게 아름다움을 원하지 않는다."(III, 125) 오히려 그는 정신적으로 아름다워짐과 동시에 감성에 의한 쾌락을 원하는 것이다. "아름다움의 일반적 관념은 우리 영혼의 심저에 지울 수 없는 형태로 새겨져 있는 것이라 하더라도, 그 관념은 개별 경우들에의 적용에서 매우 많은 변화를 겪는다. 그런데 이는 오로지 인간이 마음에 드는 것을 바라보는 방법에 관계하고 있다."(III, 124, 125) 사랑해야 할 것은 마음에 드는plaire 것이어야 한다. 파스칼은 그러한 쾌감의 성질을 구비한 아름다움을 '쾌적미快適美, l'agréable'라고 부른다. 그리하여 셋째로, 사랑해야 할 것은 정신적·신체적 전인全人을 만족시키는 '쾌적미'로서의 존재이지 않으면 안 된다. 쾌적미가 단순히 감성을 즐겁게 하는 것을 뜻할 수 없는 것은 물론이지만, 물질적인 것은 쾌적미에 의해 결여될 수 없는 구성적 요소이다. 오히려 쾌적미에서 정신적으로 아름다운 것과 감각적으로 마음에 드는 것이 융합한다. 그것은 탁월한 의미에서 표현적인 신체이다. "그것은 말과 외면적인 행위에서 드러나는 정신적인 아름다움이다. 쾌적해지기 위해 인간은 본디 규칙을 가지고 있지만 거기에는 신체의 형성이 필요하다."(III, 137) 쾌적미에 있어서 정신적인 아름다움은 말이나 표정이나 몸가짐에서 표현된다. 나는 파스칼이 쾌적미라는 이름을 부여하는 것이 단지 정적인 아름다움을 가리키는 것이 아니라 오히려 특히 동적인 아름다움, 곧 행위의 형태나 말이나 표정의 운동에 의해 표현되는 동적인 사상이나 감정의 아름다움을 뜻하고 있음에 주의해야 한다고 생각한다. 이와 같은 동적인 아름다움을 통해 비로소 운동적 존재인 인간의 마음에 듦이 가능해진다.

개성의 이해는 참된 사랑이 성립하는 조건이다. 개성에 대한 이해의 조건은 자기 스스로가 탁월한 마음의 소유주인 것에 있다. 인간은 더 많은 마음을 갖고 응답하면서 특이한 인간이 한층 더 많음을 발견한다. 그런데 사랑하는 자는 오직 한 사람의 개성에 몰두함으로써 다른 많은 개성에 대해서는, 말하자면 맹목이 된다. 아름다움에 대한 이해는 아름다운 사랑이 성립하는 조건이다. 아름다움에 대한 이해의 조건은 자기 자신이 탁월한 마음을 소유하는 것이다. "사람들은 더 많은 마음을 갖고 응답하면서 한층 더 많은 특이한 아름다움을 발견한다."(III, 130) 그러나 사랑할 때 사람은 오직 하나의 아름다움밖에 발견하지 않는다. 일반적으로 위대한 영혼은 많은 개성과 아름다움을 이해할 수 있는 능력을 가진 영혼이다. 그럼에도 사랑할 때 영혼은 오직 하나의 개성과 아름다움만을 이해할 수 있을 뿐이다. 이는 완전한 사랑은 오직 위대한 영혼에서만 가능하다고 말하는 파스칼의 사상과 모순되지 않는가. 혹은 그것은 사랑이 오직 위대한 영혼에서만 적절히 그 전체를 충족시킬 수 있다는 파스칼의 주장과 자가당착이 됨으로써, 거꾸로 사랑은 위대한 영혼의 작용을 제한하고 구

속하게 되는 것은 아닌가. 혹여 이런 모순과 당착이 이해될 수 있는 것이라면 그것은 어떻게 가능할 것인가. 파스칼은 말한다. "그것은 가령 하나의 동일한 정념이라 하더라도 새로움을 필요로 한다. 마음에는 그것이 딱 들어맞는다."(III, 132) 개성의 의의는 개성의 유일성에 있지 않다. 오히려 개성은 자기 속에 무한의 관계를 내장한 작은 우주이다. 그래서 단 하나의 개성이라 하더라도 우리는 그 내용의 전체를 몽땅 길어 올릴 수는 없다. 우리는 거기에서 끊임없이 새로운 것, 차이를 가진 것과 마주친다. 그런 까닭에 사랑하는 자는 단 하나의 개성에 작용하더라도 결코 끝이 없는 일을 갖는 것이다. 그는 상대의 내용과 아름다움을 이해하지 않기 위해 모든 마음을 움직인다. 그는 상대의 마음에 들지 않기 위해 천 개의 행위를 되풀이하며, 만 개의 수단을 다한다. 사랑의 길은 길다. "사랑의 길이 길면 길수록 탁월한 마음은 한층 더 많은 쾌락을 느낀다."(III, 133) 이리하여 사랑하는 자들 상호 간에 영혼의 작용이 끊임없이 교환될 때, 그들은 바로 그것에 의해 한층 광범위한 작용의 장을 발견하게 된다. 사랑에 있어서 사람이 행해야 할 일을 갖는 것은 그런 맥락에서다.

『사랑의 정념에 관한 언설』에 드러난 위의 사상에 대해 『팡세』는 어떤 관계에 있으며 어떤 대조적 입장에 서있는가.

사랑은 운동이며 탁월한 생의 운동성에 속한다. 그런데 『팡세』는 생의 운동에 여러 계기들이 있고 특히나 부정적인 계기가 있음을 가르친다. 사랑의 운동은 어떤 계기에 속하는가. 만년의 파스칼은 사랑이 생의 부정적인 운동이라는 것을 단언했다. 사랑은 위락慰樂, divertissement이다. 사랑에 있어서 "마음은 가득 차 있으며 이미 거기는 걱정이나 불안에 대한 장소가 아니다."(III, 135) 사랑은 우리의 공허를 채우고 불안을 뒤쫓아 달래며 그럼으로써 우리를 만족시키는 내력을 가진 것이기에 예찬되었다. 그런데 이 만족은 생이 자기를 도피하는 데에서 성립하고 있는 것은 아닌가. 사랑하는 자는 외부를 향해 사랑해야 할 것을 구하러 나서면서 자기의 결함과 비참으로부터 눈을 돌리고 자기의 있는 그대로의 모습을 돌아보지 않는다. 사랑에서의 저 "망각oubli"(III, 135)은 머지않은 생의 자기망각을 뜻한다. 생이라는 것으로 하여금 남모르게 자기를 전적으로 망실하게 하는 것에 사랑의 정념이 인간의 전 존재를 만족시킬 수 있는 이유가 은폐되어 있다. 사랑은 무엇보다 위험한 위락이다. 공포와 불안은 자각적인 생, 끊임없이 자기로 돌아가는 생에 항상적인 상태常態이다.

『사랑의 정념에 관한 언설』에서도 이미 사랑의 무력함에 대한 사상은 발견된다. 인간의 사랑이 순수하고 지속적인 운동일 수 없고 그 자신 속에 부정적인 요소로서의 권태를 필연적으로 지니고 있다는 것이다. "하나의 동일한 사상에 집착하는 것은 인간의 마음을 피로하게 하고 소모시킨다. 그런 까닭에 사랑의 쾌락의 견고함과 지속성을 위해서 인간은 때때로 그가 사랑하고 있다는 것을 자각하지 않는 것이 필요하다. (…) 그렇지만 그것이 인간 본성의 참혹한 결과인 것, 그리고 만약 인간이 사상을 조금이라도 변경시킬 필요가 없었더라면 그는 한층 행복했을 것이라는 점은 고백되어야 한다. 하지만 거기에는 구제의 길이 조금도 없다."(III, 130, 131) 인간의 사랑이 불완전한 것은 인간의 근본적 성질 그 자체에 의해 필연이다. 사랑이 알차지고 확장하는 생이란 어떤 것인가. "인간의 생은 안타깝게도 짧다"(III, 120)라고, 이미 『사랑의 정념에 관한 언설』은 비감어린 리듬으로 답하고 있다. 이 짧은 생에 있어서는 어떤 것도 안정되게 상주하지 못하고 모든 것은 전변하며 배에 힘주어 분발하는 것이 없다. "인간이 가진 모든 것이 떠내려감流轉을 느끼는 것은 공포스러운 것이다"(212)라고 『팡세』의 무엇보다 아름다운 단편 하나는 말한다. 인간과 그가 사랑하는 자가 함께 변하는 것인 이상, 그들의 사랑이 항상적이지 않은 것은 자연이다. "그는 10년 전에 사랑했던 사람을 이미 사랑하지 않는다. 나는 그것을 지당하다고 생각한다. 그녀도 이미 예전의 그녀가 아니다. 그도 또한 예전의 그가 아니다."(123)

『팡세』는 도처에서 사랑의 덧없음을 설명하고 있다. 인간은 아름다운 사람을 사랑한다. "그렇지만 어떤 사람을 아름답다는 이유로 사랑하는 이는 그 사람을 사랑하고 있는 것일까"라고 파스칼은 묻는다. "아니다. 왜냐하면 그 사람을 죽이지 않고 그 사람의 아름다움을 죽이는 천연두는 그로 하여금 이미 그 사람을 사랑하지 않게 만들기 때문이다. (…) 그런 까닭에 인간은 결코 인간 그 자체를 사랑하게 되는 것이 아니라 오히려 단지 그 인간의 속성을 사랑할 뿐이다."(323) 그런데 그 속성들은 일시적인 것, 특히 소멸하기 쉬운 것에 지나지 않는다. 인간은 사랑이 그의 영혼을 채우고 모든 것을 잊게 한다고 말한다. 사랑은 국가의 주인國主을 움직이고 전쟁을 야기하고, 모든 것의 땅, 전 세계를 요동치게 할 수 있다. 그렇지만 그와 같은 위대한, 두려워할 만한 결과를 불러일으키는 사랑의 원인은 무엇인가. 그것은 코르네이유의 말을 사용하자면 '나로서는 왜인지 알 수 없는 것je ne sais quoi'이라는, 분간조차 할 수 없는 조그만 사정 이외에 다른 것이 아니다. "인간의 덧없음을 흐트러짐 없이 분명히 알려고 원하는 사람은 사랑의 원인과 결과를 생각해보기만 하면 된다."(162)

　『사랑의 정념에 관한 언설』은 생을 내재적으로 해석하면서 인간의 생래적인 자[기]애의 마음에 한결같이 의지한다. 그런데『팡세』에 의하면 자애의 본성은 오히려 자기의 있는 그대로의 상태, 즉 자기의 결함과 비참의 상태를 은폐하는 데에 있다(100). 따라서 생을 올바로 해석하기 위해서 우리는 무엇보다도 자애의 마음을 떨쳐버리지 않으면 안 된다. '자기는 혐오스러운 것이다'라는 한 문장이 『팡세』의 사상을 관통하는 근본명제이다. 『사랑의 정념에 관한 언설』에서 파스칼은 말한다. "우리는 외부의 많은 장소를 충족시킬 수 있는 사람으로서, 우리를 우리 자신을 향해 표상하는 자애의 마음의 근원을 갖고 있다. 이것이 우리가 사랑받는 것에서 느끼는 쾌감의 원인이다."(III, 120) 이 명제는 『팡세』에서 가차 없이 부정된다. "다른 사람들이 우리를 사랑하므로 우리가 가치 있다고 말하는 것은 거짓이다. 그럴 때 우리가 사랑 받기를 원한다는 것은 옳지 않은 것이다."(477) 이에 더해 『팡세』의 저자는 논한다. "가령 사람이 기뻐하며 자진해 나에게 집착하는 마음을 갖는다고 하더라도, 그것은 옳지 않은 것이다. 내가 사람들에게 그런 욕망을 일으키게 했다면 나는 그들을 기만하는 것이 될 것이다. 왜냐하면 나는 어떤 사람의 목적도 아니고 그 사람들을 만족시킬 그 어떤 것도 갖고 있지 않기 때문이다. 나는 곧 죽어갈 것이다. 그리하여 그들의 집착의 상대도 죽어갈 것이다. 따라서 내가 그들에게 그런 허위를 탁월하게 믿게 하더라도, 그리고 사람들이 그것을 기뻐하며 믿게 된다고 하더라도, 그리고 그런 사람들에 의해 내가 기뻐하게 된다고 하더라도, 나는 허위를 믿게 만든 죄를 범하는 것과 같이 사람들이 나를 사랑하게 만드는 것으로 죄를 범하는 것이다."(471) 『팡세』는 이와 같이 인간의 사랑을 비평하고, 그래서 다음과 같이 적극적으로 주장한다. "그런 까닭에 참되고 유일한 덕은 자기를 혐오하는 것(왜냐하면 사람은 그 정욕에 의해 혐오할 만한 것이기 때문에)과 참으로 사랑할 만한 존재를 사랑하기 위해 구하는 것에 있다. 그러나 우리는 우리의 바깥에 있는 것을 사랑할 수는 없으므로 우리 속에 있으면서 우리가 아닌 존재를 사랑하지 않으면 안 된다. (…) 그런데 그것은 보편적인 존재일 수밖에 없다."[4](485) 인간의 사랑은 신의 사랑에 의해 바꿔져야 할 것이다. "신 이외에 사랑하지 말아야 하고, 자기 이외에 혐오하지 말아야 한다."(476) 『사랑의 정념에 관한 언설』의 근본사상은 자기의 공허가 다른 인간에 의해 충족되고 다른 인간의 공허가 자기에 의해 충족되는, 그리하여 생의 행복은 획득될 수 있는 것이라고 말하는 데에 있다. 이에 반해 『팡세』의 근본적 사상은 이렇다. 우리는 우리 바깥에 있는 것을 참으로 사랑하는 것이 불가능하며, 따라서 또한

· ·

4. [곧바로 이어지는 문장은 다음과 같다. "즉, 신의 왕국은 우리 안에 있다. 보편적인 선(善)도 우리 안에 있다. 이 둘은 우리 자신이면서 우리가 아닌 것이다."]

우리는 우리 바깥에 있는 것에 의해 참으로 사랑받는 것이 불가능하다. 그렇다면 우리는 우리들 자신을 사랑해야만 하는가. 그런데 그 자신이란 혐오스러운 것이다. 그러면 대체 우리는 어찌해야 하는가. 우리는 우리 속에 있으면서 우리 아닌 것을 사랑할 수밖에 없는 것이다. 그것은 오직 보편적인 존재로만 있는 것이므로 우리는 그 보편적 존재, 곧 신을 사랑할 수밖에 없는 것이다.

인간의 사랑과 신의 사랑이 이와 같이 서로 반대되는 것임에도 동등하게 사랑의 이름으로 불릴 수 있는 한, 거기에는 어떤 유사성이라는 것이 존재하지 않으면 안 될 것이다. 파스칼은 말한다. "무엇보다도 애욕만큼 신의 사랑과 비슷한 것은 없다. 또한 무엇보다 그 애욕만큼 신의 사랑에 반대되는 것은 없다."(663)[5] 신의 사랑과 인간의 사랑은 그것들이 향해 있는 것에 따르면 전혀 상반되는 것이지만, 사랑의 두 형태로서

· ·

5. [단편 663번 전문은 다음과 같다. "표징적인 것 탐욕만큼 신의 사랑과 흡사한 것은 없고, 또 그것만큼 반대되는 것도 없다. 이렇듯 자기의 탐욕을 만족시키는 갖가지 복으로 가득 찬 유대인들은 기독교도들과 매우 흡사하기도 하고 또 반대되기도 했다. 그리고 이런 방법으로 유대인들은 꼭 가져야만 했던 두 가지 특징을 지니고 있었다. 즉, 메시아를 표징하기 위해 메시아와 일치되고, 의심스러운 증인이 되지 않기 위해 메시아와 상반되는 것."]

같은 방법으로 스스로를 드러내는 한에서는 서로 유사한 것이다. 둘 사이의 유사성은 사랑의 작용의 구조 그 자체 속에서 발견될 수 있다. 사랑은 한편으로는 자기로부터 나오는 운동이다. 사랑하는 사람은 외부를 향해서 행복을 구한다. 그런데 다른 한편으로 사랑은 자기에 관계된 운동이다. 사람들은 자기와의 관계를 떠나서는 그 무엇도 사랑하지 않는다. 사랑이라는 운동의 그런 두 방향성은 인간의 사랑에 있어서는, 한쪽은 위락의 성격을, 다른 쪽은 자애의 성격을 가지고 드러나는 것이 보통이다. 바꿔 말하면 그 경우 바깥으로 향하는 운동은 인간이 자기의 참혹함을 은폐하고 흐트러뜨리며 잊기 위한 것이 되며, 내부로 되돌아가는 운동은 인간이 참혹한 자기를 비호하고 그것에 집착하며 그것을 가득 채우기 위한 것이 된다. 그리고 사랑의 운동이 그렇게 서로 모순되는 방향을 가진 곳에서 인간의 사랑의 불안정과 무상함無常은 또 하나의 근원을 갖는다고 생각할 수 있을 것이다. 신의 사랑에 있어서도 사랑은 본디 두 개의 서로 모순되는 방향을 가진 운동이다. 그렇지만 그 경우, 그 모순이라는 것은 사랑이 지향하는 것이 신이기 때문에 지양되고 종합되는 것이 가능하다. 신은 우리 속에 있고 우리 자신이면서 우리 아닌 것이다. 따라서 사랑이 신을 대상으로 할 때에는 외부를 향한 운동은 동시에 내부로 되돌아가는 운동이고 자기 이외의 사람을 사랑하는 것은 동시에 자기를 사랑하는 것이 된다. 두 개의 서로 모순되는 방향은 유일한 신에서 통일되고, 그런 통일을 통해 사랑은 안정을 얻고 완전해지는 것이 가능하다. 사람이 자기를 사랑하기 때문에 외부에 있는 사람을 사랑한다는 사실은 우연한 것도 아니며 무의미한 것도 아니다. 왜냐하면 신의 사랑 또한 같은 구조를 지니고 있기 때문이다. 파스칼에 따르면 인간의 사랑은 신의 사랑의 '상징figuratif'이다. 인간의 사랑의 사실은 우리가 원하는 행복이라는 것이 단지 우리 속에 있는 것도 아니고 단지 우리 바깥에 있는 것도 아니며 오히려 우리 바깥과 우리 속에, 곧 신에 있다(464, 465)고 하는 위대한 진리를 상징한다.

제4장 세 가지 질서

1

「거듭제곱수의 합Potestatum numericarum summa」이라는 제목의 논문 끝부분에서 우리는 다음과 같은 말을 발견한다. "어떤 차원의 연속적인 크기[양·정도에서의 크기]는 그보다 낮은 차원의 임의의 크기를 더해도 증가하지 않는다. 이리하여 선은 점에 의해, 면은 선에 의해, 입체는 면에 의해 조금도 증가하지 않는다. 즉──이를 산술에 대한 논의에 적합하도록 수를 가지고 표현하면──근根은 평방[㎡]에 대해, 평방은 입방[㎥]에 대해, 입방은 4승수에 대해 계산에 들어가지 않는 것이다. 그와 같이 낮은 차원의 양은 한층 높은 차원의 양에 있어서 버릴 수 있는 것이다."(III, 336) 여기에 차원의 비연속성·이질성의 원리가 무엇보다 명료하게 표현되고 있다. 이 논문의 초안을 잡은 것은 1654년의 일이었던 것 같다. 몽테뉴를 탐독한 파스칼이 재차 수학 연구로 돌아가 그 영역에서 놀랄 만한 창의성을 보였던 것이 이 무렵이다. 이 시기 그의 논저가 지닌 수학적 가치의 더없는 중대함은 말할 것도 없지만, 동시에 그것들은 그의 마음과 사고방법을 드러내는 것으로서 이후 신과 인간에 대한 그의 연구에 관계된 주목할 만한 사상들을 포함하고 있다. 내가 방금 인용했던 위의 한 구절 또한 생에 대한 파스칼의 해석에서 지도적인 의의를 지닌 것이었다.

차원의 비연속성이라는 사상과 밀접히 관계된 것은 무한의 관념이다. 이 관념 또한 수학적인 기원을 갖는다. 하나의 공간은 그것이 어떤 크기를 갖는다 할지라도 우리는 그 크기보다 한층 큰 것을 표현할 수 있으며, 그렇게 더 큰 그것보다 한층 더 큰 것 또한 표현할 수 있다. 이렇게 아무리 진행해도 우리는 그 이상 증대될 수 없는 크기의 공간에 도달하지 않는다. 반대로 하나의 공간이 아무리 작은 것이라 하더라도 우리는 그것보다 한층 더 작은 것을 사고할 수 있고, 그렇게 아무리 진행해도 우리는 연장을 갖지 않는 분리불가능한 것에 도달하지 않는다. 같은 식으로 하나의 운동은 그것이 아무리 빠른 것이라 하더라도 우리는 그것보다 한층 **빠른** 운동을 표현할 수 있고 그렇게 빨라진 그 운동보다도 더 **빠르게** 하는 것이 가능하다. 이렇게 한계 없이 나아가게 해도 우리는 그것에 더 이상 더해질 수 없을 것 같은 속도의 운동에 도달하지 않는다. 반대로 하나의 운동은 그것이 아무리 느린 것이라 하더라도 우리는 그것보다 한층 더 느리게 할 수 있으며, 그렇게 한계 없이 나아가게 해도 우리는 더 이상 느려질 수 없는 운동에 도달하지 않는다. 수와 시간에 대해서도 마찬가지이다. "곧 한 마디로 말하면 운동, 수, 공간, 시간은 그것이 어떤 양을 가진 것이라 하더라도 그것보다 한층 크거나 한층 작은 양을 가진 것이 언제나 존재한다. 이리하여 그것들은 모든 허무와 무한 사이에 위치를 점하며 그 두 개의 극단으로부터 언제나 제한 없이 이격된다."(IX, 257) 무한하게 커지는 것과 무한하게 작아지는 것은 수, 시간, 공간, 운동에 있어서 모든 관계를 공통적으로 그리고 평행적으로 지배하는 원리이다. 모든 운동, 모든 수, 모든 공간, 모든 시간은 아무리 증대하게 되더라도 무한히 커지는 것에 도달하지 않고 아무리 감소하게 되더라도 무한히 작아지는 것에 도달하지 않으며, 오히려 단지 언제나 "무한과 허무 사이, 그 중간milieu"(IX, 268)에 있는 것이다. 어떤 때에는 전체에 한층 가깝게, 다른 때에는 무無에 한층 가깝게, 모든 것은 그 각각의 차원에서 전체와 무 어느 것에도 고착될 수 없다. 또는 그 어느 것으로부터도 탈출할 수 없고 그 두 극단의 중간 영역을 고정됨 없이 끝없이 왕래하고 있는 것이다.

이런 관념은 파스칼에게 하나의 사상, 곧 다른 많은 사상들 속에서 그것들과 나란하거나 그것들에 수반되는 단순한 하나의 사상이 아니었다. 오히려 그것은 파스칼이 만물과 마주했던 가장 기본적인 형식이었다. 그는 말한다. "이렇게 해서 그 식견이 마음의 문을 자연의 가장 큰 불가사의로 향해 연다. 모든 것에 공통된 규정이 있는바, 그 가장 주된 것은 모든 것에서 발견되는 두 개의 무한을 포함하고 있다. 그 하나는 큼의 무한이고 다른 하나는 작음의 무한이다."(IX, 255, 256) 무한한 큼[이하 '무한대']과 무한한 작음[이하 '무한소']은 산술이나 기하학이나 역학이 취급하는 존재에 관한 원리일 뿐만 아니라, 파스칼에 따르면 실로 모든 존재, 따라서 또한 인간적 존재의 방법을 규정하는 개념이다.[1] 각각의 존재는 모두 그

· ·

1. 이 책 1장 1절에 서술했던 무한 및 허무의 개념은 여기에서 그 기원을 발견할 수 있다(F. Strowski, *Pascal et son temps*, II, p. 314 참조). 그와 동시에 '중간'이라는 개념이 단순히 비유나 상징이 아니라 오히려 존재의 구체적인 존재방법 그 자체에 대한 규정인 것은, 파스칼이 그것에 부여한 수학적 의의를 생각함으로써 한층 잘 이해될 수 있다. 마찬가지로 허무(néant) 또는 무(rien)의 개념이 비존재 혹은 비개념이 아니라 오히려 매우 중요한 의미를 지니고 있는 것 또한 명료하다. (Il y a bien de la différence entre n'être pas une chose et en être un néant[하나의 무로 존재하는 것 위에서 다른 두 크기의 차이는 없는 것으로 존재한다]. IX, 264)

존재가 속한 차원에 있어서 무한히 큰 것과 무한히 작은 것—
왜냐하면 각각의 차원에는 그 각각의 큼과 작음이라는 두
개의 무한이 있기 때문에—의 중간에 존재한다. 그래서 나는
이 무한의 성질을 음미해 두지 않으면 안 된다고 생각한다.
파스칼이 두 개의 무한에 시원적으로 그리고 근본적으로 마주
쳤던 것은 물론 수학적 존재의 영역에서였다. 그럼에도 이
무한은 고정된, 계산되어 얻어진 무한이 아니다. 무한의 원리
는 직접적으로 저 두 개의 무한의 존재를 긍정하는 것이 아니
라 오히려 절대적으로 존재하는 것으로서의 유한의 존재를
부정하는 것을 지향하고 있다. 무한은 두 개의 상반된, 함께
도달할 수 없는 극한 사이에서의, 무한대와 무한소 사이에서
의 말하자면 끝나지 않는 운동을 일컫는다. 모든 것은 허무와
전체 사이의 중간에 있는 존재이고, 이 중간의 영역을 여기저
기로 운동시키는 존재이다. 무한은 무엇보다도 존재의 운동성
을 표현한다. 그런데 이 운동은 조금도 정지하지 않는, 즉
끝으로 가까이 가면서도 결코 그 끝에 도달하지 않는 운동이
다. 스스로 그렇게 운동하는 존재로서 그처럼 운동하는 다른
존재 속에서 자기를 발견하는 인간 존재의 상태성은 불안이
다. 그런 까닭에 무한은 특히 의식적인 존재의 불안을 표현한
다. 파스칼의 무한은 깊게 하고 밝게 되는 불안을 환기하는
쉼 없는 운동이고, 이에 관계된 철학상·종교상의 다양한 다른

무한의 개념 속에서 현저하게 그 특색을 드러내고 있다. 무한의 이름 아래 파스칼이 시원적으로 그리고 근본적으로 마주쳤던 것은 운동과 그것에 수반되는 불안이었다. 그런 뜻에서 무한이야말로 그의 사상의 근본경험이자 인간적 존재에 대한 그의 해석에 가장 명확한 개성을 주고 있는 것이다.

무한과 유한은 이름을 달리할 뿐만 아니라 그 존재성을 달리 한다. 그것들 사이에는 넘기 어려운 도랑이 가로놓여 있다. 예를 들면 분리불가능한 것은 그것을 임의로 더하거나 곱해도 하나의 확연橫延[시공간 등에서의 연속적 확대/연장]에 도달함 없이 단지 어디까지나 하나의 유일한 불가분리적인 것을 만드는 데에 지나지 않는다. 영零[제로]은 그것을 어떻게 더하거나 곱하더라도 수數에 이르지 않는다. 그러한 집적에 의해 수를 만들 수 있는 것은 단 하나, 수 자신일 뿐이다. 정지와 운동, 순간과 시간 사이에도 또한 마찬가지의 이질성이 있다. 유한한 것은 단지 유한한 것과, 무한소는 오직 무한소와 비교할 수 있을 뿐이다. 그뿐 아니라 무한 상호 간에는 또한 다양한 차원이 있고 그런 차원 상호 간에는 또한 비연속성의 원리가 지배한다는 것이 파스칼의 사상이었다. 『팡세』에는 이렇게 쓰여 있다. "무한에 하나를 더해도 조금도 무한을 증가시키지 않는다. 무한한 연장에 한 자의 길이를 더해도 마찬가지이다. 유한은 무한에 면하여 소멸하고 마는 하나의 단순한 허무가 된다."(233)[2] 이와 같이 낮은 차원의 무한대는 그것이 낮은 차원의 것인 한에서 높은 차원의 무한대에 대해 없는 것과 같다. 하나의 차원은 오직 그 자신과 비교할 수 있을 뿐이다. 제1차의 무한은 제2차의 무한 앞에서는 소멸해 버리고 제2차 의 무한은 제3차의 무한 앞에서는 허무로 된다. 이리하여 각각 의 존재는 그 각각의 차원에서 어떠한 크기를 얻는다 하더라 도 역시 또한 고차원의 존재성의 한 톨조차도 거둬들일 수는 없는 것이다.

2

'세 가지 질서les trois ordres'라는 이름으로 알려진 사상이 위와 같은 수학적 관념에 관계하고 있는 것은 말할 필요도 없이 분명하다. 그렇다고 해서 파스칼이 생이라는 것과 인간 에 대해 해석하면서 곧바로 수학 상의 관념을 그 상태 그대로

· ·
2. [이 마지막 문장의 기존 국역들은 다음과 같다. "유한은 무한 앞에서 소멸되고 순전한 무가 된다"; "유한은 무한 앞에서는 소실되어 순수 한 무로 돌아간다". 이에 바로 이어지는 한 문장은 다음과 같다. "우리의 이성도 신 앞에서 마찬가지이고 우리의 정의도 신의 정의 앞에서 그러하다."(233)]

추상적·형식적으로 끼워 맞췄다거나 그것을 단지 비유적·추상적으로 전용했다거나 하는 식으로 생각하는 것은 의심의 여지가 없는 오해일 것이다. 파스칼의 사고방식이 지닌 무엇보다 현저한 특색은 그것의 구체성에 있다. 이미 자연에 대한 연구에 있어서도 그는 사실의 중시를 주장하고 있다. 이론과 사실이 충돌할 때, 사실 앞에서 굽혀야 하는 것은 이론이다. 경험은 물리학의 유일한 원리이고 경험만이 자연에 관한 지식을 생장시킬 수 있다(II, 136). 그것은 서로 다투는 이론을 심판하고 진리를 결정한다. 데카르트의 자연철학에 반대해 내세웠던 이 '경험 우위'의 사상은 인간에 대한 연구의 영역에서는 한층 더 강하게 고조되지 않으면 안 된다. 인간에 대한 학문에 긴요한 것은 그럴싸한 체계를 세우는 것이 아니다. 파스칼은 이론을 축조하려는 것보다 현실을 이해하려 했다. 그의 눈은 이론으로 사실을 일그러뜨리지 않는다. 그의 사상은 선입견으로 존재를 구부러뜨리거나 폭력으로 1온스의 구체성도 감소시키지 않는다. 파스칼은 추상과 구성을 피해 분석과 해석에 힘쓴다. 생에 대한 참된 인식은 언제나 삶과 끊임없이 교섭하는 생과의 대질에서 얻어진다. '생의 일상과의 대화를 따라 태어나는 사상'이야말로 인간의 존재에 대한 살아있는 지식이다. 깊은 이해를 품은 우아한 목표 앞에서 사람은 어떤 강제도 느끼지 않으며 자진해 자기를 말하도록 자연스레 유도되지 않을 수 없을 것이다. 그렇게 파스칼은 모든 존재로 하여금 기꺼이 자기를 말하도록 하는 능력을 가진 영혼의 소유자였다. 그가 수량이나 기호나 방정식으로 존재를 표현하고 있는 경우에도 그가 의미하는 것은 존재의 추상적 개념이 아니라 시원적으로 그리고 근본적으로 마주치게 되는 구체적 존재 그 자체의 상태였던 것이다.

파스칼은 모든 사실의 현상을 변화와 운동의 상태로 보았다. 우리는 파스칼에게서, 몽테뉴에게 영향을 주었던 헤라클레이토스의 사상의 한층 진지하고 한층 투철한 형태를 만난다. 자연은 변화이다. 나는 그것을 어디에 고정해야 하는 것인지 알지 못한다. 내가 자연에서 파지하려는 지점은 끊임없이 나를 피하고 나로부터 미끄러져나가며 도주한다. 그것은 한 사물로서의 나로 인해 정지하는 것이 아니다. 나는 견고한 기초, 안전하고 확고한 입장을 획득하려는 요구로 불타오르고 있음에도 자연을 바라볼 때 안주할 장소를 발견할 수 없는 것이다. "자연은 나에게 회의와 불안의 씨앗 말고는 아무것도 제공하지 않는다." 인간의 본성 또한 운동에 있다. 이에 대해 우리는 이미 몇 번이고 써놓았다. 인간은 기이한, 변하기 쉬운, 규정 없는 악기이다. 나는 그 악기의 어디에 접촉해서 소리를 내야 하는지를 알지 못한다. 한 인간의 운동은 불안정할 뿐만 아니라 그가 가진 어떤 것도 항상성을 갖지 못한다. "인간이 가진 모든 것이 떠내려감을 느끼는 것은 공포스러운 것이다"(212)라고 파스칼은 말했다. 우리의 존재도 사물의 존재도 쉼 없는 유전écoulement 속에, 끊임없는 교체와 동요en continuelle mutation et branle 속에 있다. 우리는 스스로 변화하고 운동하는 것으로서, 변화하고 운동하는 다른 것들 사이에 내던져지고 있다. 이리하여 우리에게 불안은 자연이다.

그렇지만 동시에 파스칼은 그런 헤라클레이토스적 유전에서 하나의 운명을 보았던 것이다. 모든 존재의 운동은 몰아내는 것이 불가능한 필연성에 따라 행해지고 있다. 모든 운동은 무한대와 무한소 사이의 운동이다. 있는 것은 전부 이 두 무한의 중간에 있고 이 두 극단의 중간을 방황한다. 이리하여 자연의 존재는 한정 없이 증대되고 한정 없이 나눠지는 것이 가능하며, 결코 고정됨 없이 결코 정지함 없이 무한대와 무한소 사이를 왕복한다. 인간 또한 전체와 무의 중간적 존재이다. 그는 공간의 무한과 허무 사이에, 수數의 무한과 허무 사이에, 운동의 무한과 허무 사이에, 시간의 무한과 허무 사이에 놓여 있다(IX, 270). 우리의 뛰어난 지혜 또한 휴식 없이 저 두 개의 끝 사이를 이리저리 뛰어다닌다. "모든 사물은 허무로부터 나와서 무한으로까지 옮겨진다. 누가 이 놀랄 만한 운행을 더듬어 확인할 것인가."(72) 그런 중간적 성질로 인해 인간의 지혜는 사물의 처음과 끝을 이해할 수 없는 것이다. 저 두 개의 무한은 "본디 한정 없이 서로 다른 것이지만, 하나는 다른 하나에 대해 관계하고, 하나의 인식은 필연적으로 다른 인식으로 인도한다."(IX, 268) 그렇지만 우리 영혼의 모든 능력은 무한대도 아니고 무한소도 아니기 때문에 우리에게는 무에 도달하는 것도 전체에 도달하는 것도 모두 불가능하다. 무한을 이해하기 위해서는 스스로 무한이 되지 않으면 안 되는 것이다. "모든 곳에서 하나이고, 각각의 곳에서 전체인, 무한하기에 불가분한 것"(231, 232)[3]으로 생각할 수 있는 신에 의해서만, 처음으로 능히 저 두 개의 극한을 이해할 수 있고, 그러한 신에게서 그 두 극한은 서로 접촉하며 서로 맺어진다. 그렇지만 우리에게 무한은 심연이고 불가사의이다. "이 무한의 공간, 그것의 영원한 침묵이 나를 두려움으로 가득 차게 한다."(206) 파스칼에게 무한은 인간의 지식의 대상이 아니라 오히려 공포와 감탄의 원인이었다(72; IX, 268). 부단한 운동에 있어서 만물

∙ ∙
3. [이 두 단편은 각각 다음과 같다: "신이 무한하고 불가분의 존재일 수는 없다고 하는 사실을 당신들은 믿는가──그렇다고?──그러면 당신에게 무한하고 불가분한 것을 보여주겠다. 그것은 무한한 속도로 모든 곳을 움직이고 있는 하나의 점이다. 왜냐하면 그것은 하나이며, 모든 위치에서 똑같은 것이고, 각각의 장소에서는 전체이기 때문이다."(231) "무한한 운동, 편재해 있는 한 점, 정지의 순간, 양(量)이 없는 무한, 불가분하고도 무한한 무한."(232)]

을 고정할 수 있는 것은 아무것도 없다. 저 두 개의 무한은 그런 사실을 포괄하며 파지하고 있지만, 어떤 유한한 것에도 그 비밀을 관철하는 것이 허락되지 않는다. 불안이 인간 존재의 상태인 것은 본래적이다.

이리하여 생이라는 것은, 그 횡단면을 취하면 무한히 작은 것과 무한히 큰 것 사이를 왕래하는 운동의 과정이다. 그런데 파스칼은 단지 생의 횡단면에서만이 아니라 말하자면 그 종단면에서도 또한 하나의 필연성을 발견할 수 있다고 믿었다. '세 가지 질서'라는 사상이 그것이다. '질서ordre'는 전통적인·기교적인 추상의 범주가 아니라 구체적인 현실이 자연스레[자체의 힘으로, 저절로] 자기를 분류하는 개념이다. 파스칼은 말한다. "자연은 그 자신의 모든 진리를 제각기 따로 지니게 했다. 우리의 기교가 어떤 진리 하나를 다른 진리 속에 폐쇄적으로 집어넣는 것은 자연적이지 않다. 각각의 진리는 자신의 독자적인 장소를 갖는다."(21) 모든 현실적인 것은 하나의 질서에 있다. 각각의 것은 전체에 있어서 고유한 위치를 점하며 특수한 신분 또는 계급에 속해 있다. 철학의 목적은 하나를 다른 것 속에, 모든 것을 하나 속에 밀어 넣어 겉치레의 통일을 만드는 것이 아니라 오히려 전체적 생의 구조 및 연관을 해석하는 것에 있다. 이를 위해서는 먼저 각각의 생이 지닌 고유한 존재방법, 그것의 고유한 존재성이 해석되지 않으면 안 된다.

파스칼이 말하는 질서라는 것은 무엇보다도 생의 고유한 존재성을 일컫는 이름이다.

제1의 질서는 '신체corps'이다. 여기서 말하는 신체는 과학적 개념이 아니라 해석학적 개념이다. 이는 생이 그러한 계급인 한에서 그 존재성에 따라 신체로서 해석되는 것을 의미한다. 따라서 그것은 생이라는 것이 흔히 말하는 정신적 요소를 완전히 제외하고 있다는 것을 의미하지 않는다. 오히려 그런 계급에, 생에 지배적인 것은 정념이다. 이런 종류의 생은 육적 肉的인 것, 신체적인 것을 목적으로 한다. 왕후나 부자나 장군 등의 생활이 그것이다. 제2의 질서는 '정신esprit'이다. 이는 그러한 생이 그것의 par excellence[특히 탁월한] 존재방법에 있어서의 정신이라는 것 외에 다른 것을 뜻하지 않는다. 파스칼은 다른 곳에서 "다른 모든 것을 규제하는 중심적 능력"(118)이라고 쓰고 있지만, 고유한 뜻에서 정신이란 곧 제2의 계급에 속하는 생의 주요한 능력이다.[4] 학자, 박식한 자, 발명가 등은 이와 같은 생활을 영위하는 인간이다. 제3의 질서는 '자비chari-té'이다. 자비란 일반적으로 신의 생의 존재방법이고 그리스

· ·

4. 이 경우 우리는 텐느가 주장하고 예증하려 했던 '주인적 능력faculté maîtresse'이라는 개념을 생각하지 않을 수 없다. 예를 들면, H. Taine, *Essai sur Tite Live*[1856]를 참조.

도, 바울, 아우구스티누스 등의 생활은 그 두드러진 예이다. 이 단계에 도달한 생은 자연적인 의미로는 이미 생이라는 이름으로 부르는 것조차 불가능할 것이다. 그런 까닭에 바울은 말한다. "살아있는 것은 내가 아니다. 예수 그리스도가 내 안에 살아있다."[「갈라디아서」 2: 20] 그리스도 또한 말한다. "이 일을 이루는 것은 내가 아니다. 내 안의 아버지가 자기의 일을 하신다."[「요한복음」 14: 10] 그들은 살아간다, 왜냐하면 생을 가지고 있기 때문이다. 그러나 동시에 그들은 살아가지 않는다, 왜냐하면 그들의 생은 그 원천에서 다른 생이기 때문이다(IX, 130, 131). 이런 생에 무엇보다 결정적인 것은 의지이다. 단지 신을 아는 것이 아니라 신을 사랑하는 것, 단지 신을 살짝 엿보는 것이 아니라 신을 고집하는 것에서 그런 생은 성립한다. 그것은 물론 신의 은총 없이는 불가능하다. 그리고 신의 의지는 그런 은총의 본원적인 원인이지만 그것은 또한 인간 의지의 힘을 결여해서는 존재할 수 없는 것이다(IX, 128, 129).

세 가지 질서의 생은 제각각의 차원의 고유한 의미에서 운동한다. 제1의 질서에서의 생은 오직 유전적流轉的이다. 이 쾌락은 전변해가며 이 정념은 지나쳐간다. 그것들은 흐르고 전락하며 그리고 사람을 끌어들이는 바빌론의 강이다. 어떤 것도 정하지 않고 어디에도 의지할 곳이 없다(459).[5] 제2의 질서에서의 생 또한 끊임없는 운동이지만 그것은 이미 의지할 수 있는 거처를 가진 것처럼 보인다. 그것은 본디 풀 한 포기, 물 한 방울에 의해서조차 부서질 수 있는 생이다. 그러나 정신은 그 본질에 따르면 자각적인 까닭에, 생이 소멸하고 매몰되고 있을 때 정신은 생이 그렇게 되고 있음을 한층 더 의식하고 있다. 그런 한에서, 그리고 오직 그런 한에서만 정신을 존재성으로 하는 생은 어떤 고정성을 갖는다고 말할 수 있다. 그렇지만 그런 단순한 지적인 자각으로 우리가 우리들 생의 전체에 있어서 그 모든 간난신고와 고뇌를 통해 안주의 땅을 발견한다고 말하는 것은 도저히 불가능할 것이다. 영혼은 기껏해야 단지 한 순간에만 한 곳에 안정되게 머무를 수 있을 뿐이다 (351). 제3의 질서에서의 생이라 할지라도 그것이 생이라고 할 수 있는 한에서 운동인 것은 말할 필요도 없다. 그렇지만 그런 차원의 생이 신의 생인 한에서 자연적인 의미로는 이미 그것을 생이라고 부르는 것이 불가능했던 것처럼, 바로 그런 한에서 그것을 자연적인 의미에서의 운동이라고 이름 붙이는

• •
5. [단편 459번에 나오는 '바빌론의 강'은 「시편」의 한 문장에 이어진 것이다. "우리는 바빌론의 강기슭에 앉아 시온을 생각하며 우네." (「시편」 137: 1) 유전하는 세속으로서의 '바빌론의 강'과 대구를 이루는 것은 시온이다. "거룩한 시온(천국)이여, 그곳에서는 모든 것이 확고하며 아무것도 소멸하는 법이 없다."(459)]

것 또한 이미 불가능하다. 신에 따라 살아가는 사람은 정욕의 '불火의 강' 위로 빠지는 일 없이, 끌어들여지는 일 없이, 확고 해진 주춧돌 위에 앉아 고요히 휴식한 다음, 예루살렘 궁전 입구에 흔들림 없이 서게 하려는 그분에게 손을 내민다(458). 신은 생의 운동에 최후의 통일과 안정을 준다. 신은 '확실함certitude'이다. 신은 움직이며 움직이지 않는다. 자기의 의지를 신의 의지에 맞춰 살아가는 생—파스칼에 의하면 그것만이 목적적인 생이다—또한 운동인 동시에 정지이다.

세 가지 질서 각 차원에서의 생은 각각의 무한을 가지고 있다. 각각의 질서에는 그 자신에게 고유한 '크기grandeur'가 있다. 제왕은 권력을 얻기 위해 모든 것을 행했던 인간이다. 그에게는 그 자신에게 고유한 위광과 영화가 있다. 그는 지식 없이도 한계 없는 힘을 집중시킨다. 학자는 육적인 크기를 필요로 하지 않는다. 아르키메데스가 왕자였다고 해도 그가 그의 기하학 저서에서 왕자로 행동하는 것은 쓸모없는 일이 다. 학자는 진리를 발견하고 지식을 증식시킨다. 그에게는 그 자신에게 고유한 제국이 있고 그 명예와 광채가 있다. 그가 성스러운 것 없이, 한계 없이 학문적 재능을 갖는 것은 전적으로 가능하다. 성자는 학문적 발견을 했던 일도 없고 또한 나라를 지배했던 일도 없을 것이다. 신체적인·정신적인 크기는 그에겐 관계가 없는 것이다. 그가 그의 성스러움을 드러내기 위해 왕으로서 오는 것은 그리스도에게는 쓸모없는 것이었다. 그리스도는 그의 질서의 영광을 가지고 도래했던 것이다. 성자에게는 그 자신에게 고유한 제국이 있고 그 승리와 광영이 있다. 그는 자기를 낮추고 깊이 인내하며 신에 대해 깨끗하고 악마에 엄정하며 죄로 인해 더럽혀지지 않았다. 그는 재물과 지식 바깥에 있는, 한계 없는 성스러움이다. 이리하여 파스칼은 생이라는 것이 세 가지 질서에서 각각의 크기와 무한을 가질 뿐만 아니라 그 세 가지 질서가 서로에게 이질적이고 비연속적이라는 것을 확정한다. "모든 물체, 창공, 별, 땅과 그 왕국도 정신의 가장 작은 것에 미치지 못한다." "모든 물체의 전체, 모든 정신의 전체, 그리고 그것들의 모든 생산물도 자비의 가장 작은 운동에 미치지 못한다." "모든 물체의 전체를 가지고서도 사람은 그것으로부터 작은 생각 한 토막조차 생겨나게 하지 못할 것이다. 그것은 불가능하며, 그것은 하나의 다른 질서에 속한다. 모든 물체와 정신을 가지고서도 사람은 그것으로부터 참된 자비의 운동 하나를 끌어내지 못할 것이다. 그것은 불가능하며, 그것은 하나의 다른 질서에 속한다."(793) 점點의 합을 더하는 것에 의해 선線의 양은 증가하지 않으며, 선의 합을 더하는 것에 의해 면面의 양은 증가하지 않는다. 일반적으로 낮은 차원의 양은 높은 차원의 양에 있어서는 버릴 수 있다. 마치 그렇게 우리는 한도 없이 재산을 포개 쌓더라도 학문의 질서에 대해선 한 점조차 진척시키지 못하며, 마치 그렇게 우리는 한도 없이 우리의 정신을 풍부하게 하더라도 구제救濟의 질서를 향해선 한 줄조차 가까워지지 못하는 것이다. 이리하여 "정신에 대한 신체의 무한한 거리는 자비에 대한 정신의 한층 더 끝없는 무한한 거리를 표상한다."(793) 이들 세 가지 질서는 그 존재성을 전적으로 달리하는 차원에 속해 있는 것이다.

자비의 질서를 정신의 질서로, 정신의 질서를 신체의 질서로 혼동하지 않고 그 각각의 단계가 가진 크기를 서로 구별하는 것은 중요하다. 각각의 질서에다가 그것에 속하는 것을 주어야 한다. 왕후장상 앞에서는 무릎을 굽히는 것이 좋다. 아르키메데스 앞에서는 머리를 숙여야 한다. 그리고 그리스도 앞에서 사람은 마음을 기울이지 않으면 안 된다. 파스칼은 구체적인 생을 있는 그대로의 모습으로서 분석했다. 그는 하나의 질서에 있어서 그 영토 밖으로부터 그 질서를 범하는 권력을 허락하지 않는다. 우리는 학자가 부자가 아니고 성자가 귀족이 아닌 것에 놀라지도 않으며 탄복하지도 않는 것이다. 선은 결코 면이 되는 일이 없고 또한 동시에 결코 점으로도 귀속되지 않는다. 각각의 것은 그 특수한 존재성을 갖는다. 각각의 것은 어떤 것이며 그것임을 그치지 않는다. 이렇게 볼 때, 질서의 논설은 우리의 혼에 평온과 평화를 가져올 수 있을 것이다. 그렇지만 반대되는 다른 쪽에서 살펴보면, 차원의 사상은 우리의 마음을 불안과 전율에다가 놓지 않을 수 없을 것이다. 나는 구제를 원한다. 나는 그것을 위해 신에 관한 모든 사색과 반성을 거듭하여 모든 이론과 철학을 모은다. 그러나 그것에 기대서는 나의 신앙, 나의 성스러움은 결코 얻을 수 없다. 그것은 불가능하다, 그것은 하나의 다른 질서에 속하는 것이기 때문이다. 하나의 질서는 다른 질서에 대해 초월적이다. 거기서는 단지 '이것이냐-저것이냐'의 최후결단적인 태도, 자기 전체의 존재를 통한 비약만이 의미를 지닐 뿐이다. 이 진리를 경험할 때 인간은 공포에 전율하지 않을 수 없을 것이다.[6]

그렇지만 질서의 사상에 포함되어 있는 비극적인 것은 파스칼이 각각의 차원에 고유한 이해의 방법을 결정하고 그것들 서로 간의 비연속성을 주장할 때 무엇보다 현저해진다. 제1의 질서에서의 생에 고유한 이해의 방법은 '감성sens'이다. 이 경우 감성은 인식론적인 개념이 아니라 오히려 존재론적인 개념이다. 파스칼은 순수의식과 같은 것을 생각한 것이 아니며 순수지각이라고 할 수 있는 것을 생각한 것도 아니다. 여기

6. 파스칼이 말하는 내기의 의미는 이러한 사상을 배경으로 생각할 때 한층 잘 이해될 수 있을 것이다.

서 말하는 감성은 오히려 이 구체적인 생, 흔히 말하는 신체와 정신에서 이뤄진다고 간주되는 생이 전체로서, 세계 및 인간의 존재와 마주치는 하나의 구체적인 방법을 뜻하는 것이다. 따라서 그것은 생의 한 가지 존재방법이다. 혹은 전체의 생의 존재방법을 결정하는 생의 한 가지 계기이다. 제1의 질서에서의 생이 가진 특수한 이해방법이 감성의 이름으로 규정된다고 해서, 그것이 그 생의 이해가 모두 허위라고 말하는 것이 아님은 물론이다. 오히려 "감성의 지각은 언제나 참이다."(9) 눈은 자기의 영역에 속하는 생의 크기와 그 광휘를 분명히 보고 그것에 대한 지식과 이해를 가질 수 있다. 감성은 신체의 차원에 적합하지만 한층 높은 차원의 생에 대해서는 완전히 무능력하다. 정신적인 크기와 그 빛은 왕후나 부자나 장군의 육신의 눈에는 결코 보이지 않는 것이다. 그들에게도 이성은 결여되어 있지 않을 것이다. 아울러 이 경우 "감성은 이성으로부터 독립해 있고 거듭 이성의 주인 행세를 하며 인간을 쾌락의 탐구로 몰아간다."(430) 학문적 천재의 나라와 그 크기는 오직 정신에 의해서만 볼 수 있다. 그런 까닭에 아르키메데스는 눈으로, 모든 것의 정신을 다툼 없이 그의 발견을 통해 양성할 수 있었던 것이다. 제2의 질서에서의 생에 고유한 이해방법은 고조된 의미에서의 '정신esprit'이다. 그것은 존재의 연관과 이유에 대한 이해로 향한다. 그것은 탁월하게 합리적이며 분석과 증명의 도구를 갖고 생과 세계와 만난다. 이러한 인식의 방법은 그것에 고유한 차원에서 전체를 가득 채우며, 또 규준적이지 않으면 안 된다. 그렇지만 정신과 그보다 높은 차원의 질서 사이에는 감성과 정신 사이에서보다 더욱 아득한 거리가 가로놓여 있다. "신을 아는 것과 신을 사랑하는 것은 얼마나 멀리 떨어져 있는가."(280) 사랑의 이해는 앎知의 입장과는 전혀 차원을 달리한다. 성자의 나라와 그 아름다움은 육의 인간에게 보이지 않는 것처럼 정신의 인간에게도 은폐되어 있다. 파스칼은 자비의 질서에 있어서 생의 특수한 이해방법을 '심정cœur'으로 규정하고 있다. 심정의 이해는 직관적임과 동시에 정념적·의지적이다. 그리고 파스칼에 따르면, 그것만이 진정으로 목적적이라고 부를 수 있는 관점이다. 그것은 모든 사실을 신의 시점에서 관찰하고 모든 현상을 그 유일한 목적에 관계시켜 인식하는 것이며, 동시에 그러한 관찰과 인식은 즉각 행위로서 구체적으로 표현되는 것이다. 사랑의 입장에서, 아는 것은 행하는 것이지 않으면 안 된다. 신은 정신보다도 의지를 움직이기를 원한다. 그리스도나 바울은 마음을 깨우치는instruire 것이 아니라 정情을 온축시키기échauffer를 원했던 것이다(283). 이리하여 사람은 자기의 생이 속하는 질서에 따라 특수한 방법을 갖고 생을 이해하기에 이른다. 그가 어떠한 생의 관점을 갖는지는 추상적으로 결정되거나 우연적으로 정해지는 것이 아니다. 왜냐하면 감성, 정신, 심정이라는 3자는 단순히 인식작용을 추상적으로 드러내는 개념이 아니라 인간의 구체적인 존재방법 그 자체를 규정하는 개념이기 때문이다. 한 명의 인간이 가진 생의 관점은 그가 속하는 생의 질서를 필연적으로 표현한다. 생의 세 가지 질서는 생의 세 가지 관점을 구체적으로 결정한다. 생의 철학은 생의 한 가지 관점에 지나지 않는다(461).[7] 생각건대 철학은 세 가지 질서 중 정신의 질서에서의 생에 속하고, 이 질서에 고유한 이해의 방법에 의해 한정된 생의 관점 이외에 다른 것이 아니다. 신체의 질서와 자비의 질서에 있어서 생은 각기 다른 철학이 아닌 각기 다른 생의 관점을 갖는다. 이와 같이 생이 그 존재의 방법에 응하여 각각 고유한 이해의 방법을 갖는 것에,—아니 오히려 그런 이해의 방법에 응하여 생의 각각의 특수한 존재방법이 규정되는 것에,—또한 높은 차원의 것에 대해 낮은 차원의 것이 전혀 무능력했던 것에 인생의 허다한 비극의 원인이 잉태되어 있다. 그런 이유로 소크라테스는 독을 마시고 그리스도는 책형과 마주하지 않으면 안 되었던 것이다.

7. [단편 461번은 다음과 같다: "세 정욕[육의 정욕(肉), 눈의 정욕(知), 자랑·오만(意)]은 세 학파를 만들었다. 철학자들은 단지 이 세 정욕 가운데 하나를 따랐을 뿐이다."]

세 가지 질서에 고유한 각각의 이해방법은 상승적으로는 모든 연속을 거부함에도 하강적으로는 하나의 연속이 성립한다. 높은 차원의 질서는 낮은 차원에 대해 초월적이고 거기에는 올라갈 사다리가 없다. 그러나 낮은 차원의 질서는 높은 차원의 질서에 대해 내재적이고 거기에는 내려갈 수 있는 계단이 있다. 높은 차원은 낮은 차원을 종합하는 한층 넓혀지고 깊어진 관점이다. 이리하여 한쪽으로는 이성에 의해 자비를 이해하려고 애쓰는 것이 불가능하지만, 다른 쪽으로는 이성적이지 않은 자비가 진정한 자비일 수는 없는 것이다. 파스칼은 쓴다. "만약 사람이 모든 것을 이성에 굴복시킨다면, 우리의 종교는 신비적인 그리고 초자연적인 그 무엇도 가질 수 없을 것이다. 만약 사람이 이성의 원리를 저버린다면 우리의 종교는 [황당]무계 또는 골계[웃음거리]가 될 것이다."(273) 감성에 대해서도 마찬가지이다. "신앙은 무엇보다 감성의 힘으로는 알 수 없는 것을 알게 해 준다. 그러나 감성이 우리가 보는 것과 모순되는 것을 말하지는 않는다. 신앙은 감성 위에 있고 감성에 모순되지 않는다."(265) 종교는 감성과 이성에 반대하는 것이 아니라 그것들을 포함해 통일하는 한층 높아지고 너그러워진 입장이다. 인간 존재의 전체를 남김없이 이해하는 것은 오직 종교의 질서에 있어서만 가능하다. 그런데 이 질서에서의 이해의 방법이 지닌 특성은 명상적인 동시에 실천

적인 것에 있다. 생의 완전한 이해는 아는 것과 행하는 것이
서로를 맞춰 끌어안는 생에 있어서만 가능하다. 이런 뜻에서
생을 완전히 이해할 수 있는 그 어떤 철학도 있을 수 없다.
생의 철학은 즉각 종교의 생활이지 않으면 안 된다.

3

그런데 세 가지 질서 속에서 특히 인간적이라고 부를 만한
것은 제2의 질서이다. 정신은 인간의 par excellence[특히 탁월]한
존재방법이다. "나는 의식을 갖지 않은 인간을 생각할 수 없다.
그것은 하나의 돌덩이 혹은 짐승일 것이다."(339) "이성은 그
의 존재를 만들고 있다."(439) 정신의 질서에서 생이 특히 인간
적이라고 할 수 있는 것은 물론 다른 질서에 있어서 생이
이성을 완전히 배제하고 있음을 뜻하지는 않는다. 신체의 차
원에서의 생 또한 그것이 인간의 생인 한에서 이성적 요구를
결여하고 있는 것은 아니다. 그렇지만 거기에서 감성은 이성
의 주인이고 또한 거기에서 정념은 이성에 대한 승리자이기에
이성은 자기의 고유한 작용을 발휘하는 것이 불가능하다. 여
기에서 생은 짐승의 그것과 다를 바 없으며 특히 인간적이라
고 이름 붙일 가치가 없는 것이다. 자비의 차원에 있는 생이

이성적이지 않을 리가 없다는 것은 말할 것도 없다. 그러나 구제의 결정적이고 지배적인 근거는 신의 의지에 있으며 이때 인간의 의지는 단순히 2차적이고 수반적인 원인에 지나지 않는다(XI, 129). 신앙은 신의 선물賜物이지 이성적 사유의 증여물이 아니다(279). 우리는 우리의 모든 공적을 가지고서도 자비의 단계에 독립적으로 도달할 능력이 없는 것이다. 따라서 자비의 단계에 있는 생을 특히 인간적이라고 간주하는 것은 무엇보다 두려워해야 할 만한 오만임에 분명하다. 특히 인간적인 생은 오히려 신체의 질서와 자비의 질서 사이에 있다. 거기에서 우리는 또한 인간의 존재가 특수한 의미에서 중간적인 것임을 발견한다. 파스칼의 유명한 말을 인용하면 "인간은 천사도 아니고 짐승도 아니다L'homme n'est ni ange ni bête."(358) "인간은 자기가 짐승과 같다고 생각해서도 안 되며 천사와 같다고 생각해서도 안 된다. [그리고 양쪽을 다 의식하지 못해서도 안 된다.]"(418)

제1의 질서에서의 생은 인간에게 있어서 탁월한 '자연nature'이다. 생각건대 인간적 존재의 무엇보다 근본적인 규정은 운동성에 있다. 그런 까닭에 인간에게는 움직임remuement이 필요하고(III, 119) 인간은 움직임을 사랑한다. 사람은 사교를 구하고 전쟁을 기뻐하며 정치를 좋아한다. 사람들이 국왕이나 대신이나 장군의 생활을 무엇보다 희망하는 것은 그런 종류의 생활이 무엇보다 움직임으로 가득 찬 것이고, 그렇기 때문에 그의 본성에 가장 영합하고 있다는 점에서 기인한다. 일반적으로 우리가 생과 세계를 마주하는 방법 속에 소란과 격동을 가장 많이 제공하고 그러므로 우리의 존재를 가장 많이 충만하게 하는 것은 정념이다. 파스칼이 말하는 신체의 차원에서의 생이란 주로 그와 같은 정념에 의해 움직여지는 생이다. 이런 생이라 하더라도 그것이 인간의 자연이라고 말하는 뜻에서, 그리고 오직 그런 한에 있어서 그 생이 자족적인 것은 말할 것도 없다. 그런 생을 살아가는 자가 자기의 존재방법으로부터 스스로는 그 어떤 모순도 발견하지 못하는 것은 당연한 일일 것이다.

생이라는 것이 한층 높은 질서에 도달할 때 거기에는 두드러진 전환이 진행된다. 이 전환을 규정하는 것은 자각이다. 정신이란 자각적 의식의 이름이다. 이 근본적인 전환은 무엇보다도 생의 이해의 특수한 방법을 결정한다. 이때 사람은 '자연nature'인 것을 '비참misère'으로서 이해한다(409). 떠들썩함과 움직임을 사랑하는 것은 인간의 자연이다. 그러나 우리는 일상생활에서 눈앞에 보이는 사실의 이유를 질문한다. 자각적인 생을 살아가는 자는, 파스칼의 빛나는 말을 사용하자면 '현실의 이유raison des effets[결과·효과·실행의 원인·근거·이치]'를 알지 않으면 안 된다. 우리가 질문하는 것은 생의 무색무취

한 원인이 아니다. 현실의 이유란 생의 현실에 대한 구체적 설명과 해석에서의 이유이다. 따라서 그것은 생에 대한 과학적 연구에 의해 증명되는 것이 아니라 오히려 생의 존재론적 분석에 의해 제시되는 성질을 지닌 것이다. 현실의 이유는 살아있는 생 안에 가로놓여 스스로 살아 작용하는, 생의 살아있는 모습을 규정하는 생 그 자체의 계기이다. 인간이 이처럼 떠들썩함과 움직임을 사랑하는 것은 무엇 때문인가. 사람들은 그것들 속에서 자기를 회피하고 자기를 보이지 않게 한다. 인간이 내기를 좋아하고 전쟁을 기뻐하는 것은 의심할 것 없이 내기의 위험과 전쟁의 고통을 추구하고 있기 때문이 아니라, 그것들의 떠들썩한 움직임에 의해 그의 마음을 자기로부터 돌아서게 하고divertir, 자기 자신에 대해, 자기의 상태에 대해 생각하는 것을 방해하기 위한 것에 다름 아니다. 즉 그것은 모두 '위락divertissement'이다. 우리가 밤낮을 이어 오직 위락을 좇는 것은 어떤 이유에 기초한 것인가. 우리들 자연의 상태는 연약하고 덧없는 것이다. 우리가 직접 그것에 대해 두루 생각한다면 그 무엇도 우리를 위로하는 것이 불가능할 만큼 그것은 불행으로 가득 차있다. 그래서 우리는 스스로를 행복하도록 하기 위해 일반적으로 자기의 상태에 대해서는 생각하지 않기를 원하고, 그리하여 다양한 위락을 궁리한다. 위락은 자기도피다. 위락의 현실의 이유는 인간 [현]상태의 비참에 있다. 왕은 그를 복작거리게 하는 것을 일삼는 자들을 주위에 모아 그가 스스로에 대해 생각하는 것을 방해하려는 것이다. 왜냐하면 그는 본디 왕이면서도 자기를 가까이 살필 때 자신의 결함과 불행을 느끼지 않을 수 없기 때문이다. 자기를 회피하고 자기를 보이지 않도록 하기 위해 공놀이를 하고, 한 마리 토끼를 사냥하는 것에 사람들은 열중하고 있다. 그런데 그런 가장 작은 일들이 그를 복작거리게 하고 흐트러뜨리기에 충분한 것은 바로 인간의 상태가 어떻게 비참한지를 말해주는 것이다. "사소한 것이 우리를 위로하는 것은 사소한 것이 우리를 고민하도록 하기 때문이다."(136) 그렇지만 우리를 위로할 수 있는 듯 보이는 위락은 그 자체로 인간의 덧없음이라는 성질을 갖는다. 사람은 한정 없이 위락 속에 머물 수 없다. 위락은 너무 긴 시간에 미칠 때 오히려 권태를 불러일으키는 것이다. 차마 자기를 보기 어려워하는 사람이 위락을 향해 달려갈 때, 그는 오히려 더욱 견디기 어려운 권태 속에서 자기를 발견하는 것이다. 인간은 떠들썩함과 움직임을 끊임없이 원하지만 오래도록 그 상태에 있기란 불가능하다. 거기에 위락의 모순이 있다. 그것만이 아니라 위락은 우리 자신의 힘의 범위 안에는 없으며 밖으로부터만 오는 것이고, 그렇게 다른 것에 의존적인 까닭에 피할 수 없는 고뇌를 동반하는 수많은 사고들에 의해 방해받을 수밖에 없는 것이다. 어떠한 위락도 완전할 수 없다. "우리의 비참으로부터 우리를 위로하는 유일한 것이 위락이다. 그렇지만 그것이 우리의 가장 큰 비참이다."(171) 이렇게 인간의 존재는 비참인 것이다.

인간은 자각할 때, 그의 자연을 그의 비참으로 이해한다. 그러나 이 자각적 의식 그 자체는 또한 인간의 '위대함grandeur'이다. 인간은 연약한 갈대에 지나지 않는다, 그러나 그는 '생각하는 갈대'이다. "우주는 공간을 통해 나를 마치 하나의 점과 같이 품으며 또 삼킨다. 나는 의식을 통해 우주를 품는다."(348) 인간의 상태는 의심할 바 없이 비참이다. 그렇지만 그의 위대함은 비참이 곧 위대함일 수 있을 만큼 명료하다. 생각건대 그의 비참을 비참으로 느낀다는 것은 오직 자각을 가진 인간에게만 허락된 것이다. 헐려버린 집은 비참하지 않다. 왜냐하면 그것은 자기의 비참을 스스로 아는 것이 아니기 때문이다. "인간의 위대함은 그가 자기를 비참한 것으로 자각하는 것에 있어서의 위대함이다."(397) 모든 피조물 중에서 인간이 특히 선택된 것은 그가 스스로 자기의 비참을 의식하고 있음에 따른 것이다. 스피노자는 말한다. "인간은 자연에 있어서 하나의 제국 속의 제국과 같은 것이 아니라, 하나의 전체에 있어서 하나의 부분과 같은 것이다."[8] 스피노자는 인간 존재의 독자성

• •
8. [스피노자, 『에티카』, 3부 서문. '제국 속의 제국'은 집권적 인본주의

을 부정하며, 이 존재 전체를 자연의 질서 속에 거둬들이려 했다. 그런데 파스칼은 자연에 대한 인간의 탁월한 위치를 인정한다. 자연이 단지 자연스러운[자연스레 되(어가)는] 존재인데 반해, 인간은 특히 비참한 존재이다. "인간 이외에 비참한 것은 없다. ['나는 온갖 고난을 겪은 인간이다.'「예레미아 애가」 3: 1]"(399) 거기에 인간의 특수성과 우월성이 있다고 파스칼은 생각했다. 이리하여 인간은 비참함과 동시에 위대함이다. 위대함과 비참함이란 인간의 '이중성兩重性, duplicité'이다. 그는 "우주의 영예이자 폐품gloire et rebut de l'univers"(434)이다.

그러한 이중성은 인간 존재의 근본적 규정이고, 이를 이해하는 일 없이 인간 존재의 이해는 올바로 있을 수 없는 것이다. 인간을 단지 비참한 것으로 보는 것이 오해이듯, 인간을 단지 위대한 것으로 생각하는 것도 오해이다. 그런데 우리는 저들 두 측면을 함께 이해할 때 하나의 모순과 마주친다. 인간의 이중성은, 하나는 위대함으로서 다른 하나는 비참함으로서 서로 당착되는 두 개의 규정이다. 자기의 비참을 자각하는 것은 분명히 위대한 것임과 동시에, 또한 의심할 바 없이 비참

..
의 전통 속으로 귀속되는 인간의 모든 이해, 인간에 대한 모든 이해를 일컫는다. 스피노자는 전체 또는 신으로서의 '자연'의 법과 관계 맺지 않는 그 어떤 인간 본성의 법칙도 비판한다.]

한 것이지 않을 수 없다. 거기에 우리의 모순이 있다. 인간의 이중성은 지체 없이 그 존재의 '모순성contrariétés'이다. 자기를 알기 위해서는 위대함과 비참함 양쪽을 모두 알아야만 하지만, 그 둘 모두를 아는 것은 자기의 모순성을 아는 것이고 그 모순성은 다시 자기를 불가해한 것으로 만들고 만다. 파스칼은 말한다. "만약 그가 자기를 칭찬한다면 나는 그를 비하할 것이다. 만약 그가 자기를 비하한다면 나는 그를 칭찬할 것이다. 그리고 나는 언제나 그에게 말을 뒤집어, 끝내 그로 하여금 그가 불가해한 괴물인 것을 이해하도록 만들 것이다."(420) 이와 같이 모순을 이해할 수 있는 것은 오직 그 모순을 종합하는 한층 높은 입장뿐이다. 즉 하나의 종교만이 인간적 존재의 위대함과 비참함 사이의 모순을 해결할 수 있는 이해의 방법을 가르치는 것이다. "종교는 그것이 진정으로 존재하기 위해서는 우리의 본성을 인식하고 있는 것이지 않으면 안 된다. 그것은 위대함과 약소함, 그리고 그 양자의 이유를 알고 있어야 할 것이다."(433) 진정한 종교는 인간의 본성에 속하는 위대함과 비참함의 '이 놀랄 만한 모순성'에 대해 설명하는 것을 알고 있다(430). 생의 전적인 이해는 종교만이 능히 할 수 있는 것이다.

제5장 방법

1

질문은 사람을 속이는 성질을 지니고 있다. 임시변통하는 질문은 누차 그것이 인도하는 답의 서슴없음과 과장됨을 통해 스스로의 중대함을 꾸며낸다. 질문하는 방법은 답하는 방법을 결정한다. 올바른 이해를 얻으려는 자는 무엇보다 무의미한 질문을 들고 나오는 것을 삼가지 않으면 안 된다. 그는 질문하기 전에 자기의 질문이 대체로 의미를 갖는가 그렇지 않은가를 질문해 봐야 하는 것이다. 일찍이 많은 사람들은 파스칼이 회의론자인가 독단론자인가, 신비주의자인가 합리주의자인가 묻고는 그 답을 찾았다. 그러나 그렇게 질문하는 것은 무의미하다. 왜냐하면 그는 그 둘 중 어느 쪽도 아니었음과 동시에 양쪽 모두에 해당되었기 때문이다. 그들의 질문은, 파스칼 자신의 말을 사용하면 '모든 것을 하나의 말 속에 감금할' 것을 요구하는 것이고, 이는 일의 형편을 명료하도록 하기보다는 오히려 그것을 혼란되게 하는 것이다. "자연은 하나를 다른 것 속에 감금하는 것이 아니라 모든 것을 자기 위치에 의거해 있도록 한다."(20) 파스칼의 영혼은 자연과 같이 구체적이다. 구체적인 것을 이해하기 위해서는 모든 측면들을 봐야 하며 그 높이와 넓이와 깊이를 헤아려야 한다.

모든 존재가 그것에 특유한 방법을 가지고 있다는 것은 파스칼의 확신이다. 그 어떠한 것에도 딱 들어맞는 하나의 passe-partout[만능열쇠]로서의 방법은 파스칼에겐 있을 수 없는 것이었다. 존재를 성실히 밝히려는 자는 자기의 방법에 영합해서는 안 된다. 진리라는 것은 존재의 특수한 존재방법의 관념이다. 그런데 각각의 존재는 그 자신의 존재성을 지니고 있다. 모든 존재는 그 존재성에 따라 제각기 특수한 진리성을 갖는다. 그런 까닭에 진리를 인식하는 방법은 그러한 특수성에 응하여 그것으로 충전되는 각기 특수한 것이어야 한다. 파스칼은 『제18프로벵시알[시골친구에게 보내는 편지]』속에서 그러한 사상을 무엇보다 분명히 전하고 있다. "우리는 대체 어디에 근거해 사실의 진리를 아는가. 그 질문에 대해서는 교회 장로인 내가 정당한 재판관의 눈을 가졌을 것이다. 마치 이성이 자연적인, 예지적인 사물에 대해서 그런 것처럼. 신앙이 초자연적인, 계시된 사물에 대해 그런 것처럼. 왜냐하면 당신이 나에게 답을 요구하고 있는 까닭에 장로인 나는 당신에게 교회의 가장 위대한 두 교부인 성 아우구스티누스와 성 토마스의 생각에 기대어 우리들 지식의 세 가지 원리가 각기 특수한 대상을 가지며 각각의 영역에서 확실성을 가지고 있다고 말하고자 한다.'(VII, 49) 감성, 이성, 신앙, 이 세 가지는 일반적으로 우리들 인식의 근원이다. 그 각각은 존재의 일정한 영역을 소유하고 그 영역에 적절한 각각의 확실성을 지니고 있다. 우리는 하나의 영역을 다른 영역과, 하나의 확실성을 다른 확실성과 혼동해서는 안 된다. "자연은 자신의 모든 진리를 만물로 하여금 제각기 따로 지니게 했다."(21) 진리에는 여러 종류가 있고 다양한 단계가 있다.

이성이란 이론적 인식의 방법을 일컫는다. 파스칼은 이 개념을 방법론적으로 규정하고 그것을 '기하학적인 마음esprit géométrique'이라고 부른다. 즉 그는 기하학을 이론적 인식의 이상으로 간주할 수 있다고 믿었던 것이다. 기하학의 방법에 대한 존경과 신뢰는 그가 남긴 기록 곳곳에서 드러난다. "조금의 오류도 없는 듯한 방법은 모든 사람에게 요구되고 있다. 논리학자는 그것으로 사람을 인도한다고 공언한다. 그러나 기하학자만이 그럴 수 있다. 그리고 그들 기하학자의 학문과 그것에 비슷한 것 이외에는 참된 증명은 존재하지 않는다."(IX, 287) "그래서 나는 증명이란 어떤 것인가라는 물음을, 인간의 학문 중에 오류 없는 증명을 가져오는 거의 모든 것에서 유일하게 최고의 것인 기하학을 예로 들어 설명하고자 한다. 왜냐하면 다른 모든 학문은 자연적인 필연에 의해 어떤 혼란, 곧 오직 기하학자만이 그 궁극의 이유를 인식할 수 있는 혼란의 상태에 빠져 있는 데 반해, 단 하나 기하학만이 참된 방법을 지키고 있기 때문이다."(IX, 242. note) 참된 방법이란 정의와 증명의 방법이다. 따라서 거기에는 두 개의 조건이 만족되지 않으면 안 된다. 하나는 미리 그 의미가 명석하게 설명되지 않는 그 어떤 명사도 사용하지 않는 것이고, 다른 하나는 이미 알려진 진리에 의한 증명 없이는 그 어떤 명제도 새롭게 세우지 않는 것이다. 한마디로 말하면 "모든 명사를 정의하고 모든 명제를 증명하는"(IX, 242) 것이다. 수학, 그리고 수학을 기초로 하는 물리학의 진리는 그런 방법으로 인식된다. 이것들의 영역에서는 이성이 유일한 표준이다. 존재가 이성의 범위 안에 있는 한에서 이성은 무엇에도 제한되지 않고 지배하는 것이 가능하다. "이성은 그것의 주인보다도 한층 많은 권위를 갖고 우리에게 명령한다."(345) 기하학적인 마음은 소진되지 않는 생산력을 가지며 그것에 의한 발견은 극한과 중단을 모른다. 그것은 "[논리적] 귀결의 한 가지 놀라운 계열une suite admirable de conséquences"(IX, 285)을 인도할 수 있는 힘이다. 프랑스 최초의 왕의 이름을 알고 라틴어를 배우기 위해서는 옛사람의 책에 의지하는 것 외에 다른 수단이 없다. 그러나 수학이나 물리학에 있어선 고대에서 전거를 구하는 것이 쓸모없는 일이다. 우리들이 옛사람이라고 부르는 것은 그런 지식에서는 완전히 어린 아이에 불과하다. 그들 옛사람의 지식에 우리들 후대의 발견이 더해지면 그 지식에 있어선 다름 아닌 우리가 늙고 있는 것이 되므로, 오히려 사람들은 우리에게서야말로 우리가 존경하는 저 고대를 발견할 수 있다(II, 131, 141). 이리하여 사람들에게 이성의 무력함을 호소하는 것은 정당하지 못한 것이다. "분명히 인간은 생각하기 위해 만들어진 존재이다. 이것이야말로 그의 품위이고 그의 가치이다. 그의 모든 의무는 나무랄 데 없이 올바로 생각하는 데에 있다."(146)

그렇지만 기하학적인 마음은 곧바로 그 한계가 드러나지 않으면 안 된다. 논리적 추론의 방법은 무한히 자기를 주장할 수 없다. 모든 명사를 정의하고 모든 명제를 증명한다는 것은 이성적 사유의 이상이지만, 그것을 완전히 실현하는 것은 절대로 불가능하다. 생각건대 우리가 정의하려는 제1의 명사는 그것을 설명하기 위해 사용해야 할, 그 명사에 앞선 명사를 전제하지 않으면 안 된다. 우리가 증명하려는 제1의 명제는 그것을 증명하기 위해 사용해야 할, 그 명제에 앞선 명제를 전제하지 않으면 안 된다. 이리하여 우리는 결코 궁극적으로 제1의 명사·명제에 도달하는 일이 없다. 우리가 이치의 궁리를 끝까지 파고들 때, 우리는 필연적으로 이미 그것 이상으로 정의할 수 없는 명사, 이미 그것 이상으로 증명할 수 없는 명제에 봉착한다(IX, 246). 즉 근본개념과 근본원리는 양적인 비교의 사유로는 인식되지 않는 것이다. 예를 들면 수학은 공간, 시간, 운동, 수, 동등 같은 개념을 정의하지 않는다. 마찬가지로 수학은 무한대와 무한소의 원리, 혹은 공간의 3차원성의 원리를 증명하지 않는 것이다. 이것들의 원리와 개념을 인식하는 것은 사유가 아니다. 그것은 파스칼에 따르자면 '자연적인 빛la lumière naturelle'이다. 자연적인 빛이란 "말없이sans paroles"(IX, 246) 이해하는 능력, 곧 하나의 직관이다. 논리의 근저에는 직관이 있다. 직관은 이론의 처음과 끝에 서있다. 오직 추론의 과정에 의해 진리를 자족적으로 생산하려 할 때 논리는 거꾸로 자기 스스로의 법칙을 범하지 않을 수 없다. 왜 그런가하면 논리가 제1의 명사를 정의하고 제1의 명제를 증명하는 데에 도달하든지 못하든지 간에, 논리는 순환론 또는 petitio principii[선결문제 요구의 오류: 증명되어야 할 것을 증명의 전제로 삼는 오류]에 빠지는 것이 되기 때문이다. 논리적 방법의 기초가 되는 근본개념과 근본원리는 오직 직관에 의해서만 인식될 수 있다. 논리적 방법의 모범으로 간주되는 기하학이라 하더라도 직관의 요소가 결여되어서는 성립될 수 없는 것이다.

직관은 그 자신의 방법에 있어서 확실하다. 근본개념이 정의되지 않고 근본원리가 증명되지 않는다는 것은 그것들의 애매함으로부터가 아니라, 거꾸로 그것들의 '극도의 증명ex-trême évidence'으로부터 온다(IX, 255, 257). 자연적인 빛에 의한 인식은 증명적이지 않지만, 증명적으로 되기 위해 자기 방법의 확실함을 잃지는 않는다(IX, 246). 『팡세』에는 이렇게 쓰여 있다. "원리는 느껴질 수 있고, 명제는 논결될 수 있고, 양자는 가령 상이한 길을 따르더라도 함께 확실함을 갖게 되는 것이다." "공간, 시간, 운동, 수가 존재한다는 것과 같은 제1원리에 대한 지식은 우리의 이성적 추론이 우리에게 주는 어떠한 지식 못지않게 확실하다."(282)[1] 직관은 "자기 자신의 인식의 명확한 지표가 되는 성질明晰判明로서의 이성을 향하여 현전하는paraitre clairement et distinctement de soi-même à la raison" 것의 확실

· ·

1. [이 문장들의 문맥은 다음과 같다: "감성[직관]은 공간에 세 개의 차원이 있고, 수는 무한하게 연속된다는 것을 느낌을 통해 알며, 이성은 두 개의 제곱수 가운데 한쪽이 다른 쪽의 두 배가 될 수 없다는 것을 증명한다. 이렇듯 원리는 감각으로 알게 되는 것이며 명제는 증명되는 것이다. 이들 양자는 방법은 다르지만 확실하게 행해진다."(282)]

성을 가지며, 논리는 "원리들 또는 공리계로부터 적확하게 함으로써 필연적 추론에 의해 연역되는se déduire par des conséquences infaillibles et nécessaires de principes ou axiomes" 것의 확실성을 지니고 있다(II, 91). 논리의 확실함은 추론의 전제가 될 원리 또는 공리의 확실함에 의존하는 까닭에 제약적인 데 반해, 직관의 확실함은 자기 자신에게서 증명을 갖는 까닭에 무제약적이다. 따라서 자연적인 빛은 모든 논리적 연역보다도 한층 많은 진리성의 보증을 준다고 생각할 수도 있을 것이다. 인간의 학문 중에서 채택할 수 있는 가장 완전한 방법은 모든 것을 정의하고 모든 것을 증명하는 것에서, 또는 그 무엇도 정의하지 않고 그 무엇도 증명하지 않는 것에서 성립하고 있는 것이 아니라, 그 양쪽 극단의 사이, 즉 자연적인 빛에 의해 분명히 밝혀지고 알려지는 사물의 형편을 정의함·증명함이 없는 것과 그 밖의 사물의 형편을 모두 정의·증명하는 것 사이에서 성립하고 있다(IX, 247). 수학은 그런 방법을 지키고 있다. 그것은 자연적인 빛 또는 정의와 증명에 의해 모두 명료해지고 있다. 수학이 모든 명사를 정의하지 않고 모든 명제를 증명하지 않는다는 것은 그것의 결여를 드러내는 것이 아니라 오히려 그것의 완전함을 뜻하는 것이다.

이미 수학의 범위 내부로 그 한계를 설정했던 기하학적인 마음은 그 범위 밖에 있는 다른 존재의 영역을 향할 때, 거듭 많은 제한과 마주치지 않으면 안 된다. 인간의 존재는 기하학 바깥에 있다. 생이란 바로 그 구체성의 내력을 가진 생이다. 구체적인 생은 추상적·논리적 방법에 의해 인식될 수 없는 것이다. 파스칼에게 보냈던 편지 속에서 메레는 말한다. "선線에서 선으로 그어진 이 긴 추론은 먼저, 자네가 사람을 속이지 않는 한층 높은 지식으로 들어가게 되는 것을 방해하네. 그리될 때 나는 자네가 세상 속의 큰 이익을 잃게 되리라고 주의했었네. 그 이유는 이러하네. 사람이 예민한 마음과 섬세한 눈을 갖고 있을 때 그는 눈앞의 인간의 얼굴이나 상태를 살펴 도움이 될 수 있을 여러 사정들을 파악할 수 있을 것이야. 혹여 자네가 자네의 습관에 따라, 그런 관찰이 이득이 된다는 것을 아는 자와 마주해 그것이 어떤 원리에 기초해 있는가를 찾아냈다면, 아마 그는 자네에게 그 원리에 대해선 아무것도 모른다고, 그 원리는 자기에게 있어서만 증명된다고 답할 것이네." "자네의 수數도, 그런 기교적인 추론도 사물이 구체적으로 존재하는 상태를 알려주진 않아. 우리는 별개의 다른 길 하나를 따라 그것을 연구하지 않으면 안 되네."(IX, 215, 216) 파스칼은 메레와 사귀면서 기하학적인 마음의 제한성을 알게 되고, 인간의 연구가 별개의 다른 길 하나를 따르지par une autre voie 않으면 안 된다는 것을 배웠다. 생에 관한 진리는 정의定義와 원리에서 시작하는 추론의 길을 따라 증명될 수 없는 것이다. "사랑의 원인을 질서정연하게 설명하는 것이 우리가 사랑받을 만한 이유에 대한 답을 증명하지는 못한다. 그렇게 하는 것은 우스운 일일 것이다."(283) 인간적 존재는 수학적 존재와 그 존재성을 달리한다. 인간적 존재를 '도형과 운동'으로 조립하는 것은 우스운 일이다. "왜냐하면 그것은 쓸모없고 불확실하고 견디기 어려운 것이기 때문이다. 설사 그것이 진실이라고 하더라도 우리는 거기에 철학 전체가 한 시간의 노력을 기울일 만큼의 가치가 있다고는 생각하지 않는다."(79) 이 말로 파스칼은 수학, 특히 대수학의 방법에 의해 모든 존재를 보편적으로 지배하려 했던 데카르트를 비판하고 있다. 구체적인 생을 이해하기 위해서는 구체적인 인식의 방법을 따라야 한다. "사람은 사물事物을 추론의 과정에 의해서가 아니라, 일격으로, 그 전체성에서 한눈에 바라봐야만 한다Il faut tout d'un coup voir la chose d'un seul regard, et non pas par progrès de raisonnement."(1) 이와 같은 인식의 방법이, 곧 '섬세의 마음esprit de finesse'이다.

2

　섬세의 마음은 명확하게 하나의 직관이다. 그렇지만 그런 이유를 가지고 곧바로 그 개념에서 무언가 신비적인 것을 상상하는 것은 오해이다. 이 오해를 피하기 위해서는 첫째, 파스칼이 예로 들었던 기하학의 마음과 섬세의 마음 간의 구별이 메레로부터 암시되었던 것임을 떠올리는 것이 좋다. 메레는 세상 모든 일의 정황에 정통했고, 상쾌하고 여유로운 생활에 관한 모든 일의 사정에 빼어났다. 그는 사교를 좋아하고 무엇보다 뛰어난 좌담가였다. 그는 거의 분간할 수 없는 사람의 모습으로부터 감정과 사상을 아는 본능적인 힘을 가졌고 그런 통찰로 그의 친구들에게서 무엇보다 적절한 언행을 발견할 줄 알았다. 그런 메레는 말한다. "에스프리[정신, 정수精髓]는 일종의 빛이다. 그것은 마치 섬광과 같이 일순간에 모든 둘레로 넓혀진다." "에스프리는 사물을 이해하는 데에서, 그것을 모든 방면으로부터 고찰하는 것에 숙달되는 데에서, 그것이 무엇인가에 대해 또 그것의 올바른 가치에 대해 단호히 판단하는 데에서, 그것이 다른 것과 어떤 공통점을 갖고 어떤 점에서 서로 다른지를 식별하는 데에서 성립한다." 여기서 말해지는 직관적인 에스프리가 신비적인 어떤 것을 뜻하는 것이 아니라는 것은 의심의 여지가 없다. 메레의 말은 오랫동안 파스칼의 기억에 머물렀고, 섬세의 마음을 논하면서 파스칼은 그 전형으로 메레를 염두에 두고 있었던 것이다. 둘째, 파스칼이 인간과 생에 대해 말할 즈음 그가 즐겨 취급했던 것은 내기나 사냥이나 연애였다. 그는 하루하루 눈앞에서 벌어지는 평범한 현상을 분석하고 해석함으로써 무엇보다도 구체적인 인생의 양상을 이해하려 했다. 인간에 관한 지식에서 그가 중요시했던 것은 "생의 일상적 대화를 따라 태어난 사상pensées nées sur les entretiens ordinaires de la vie"(18)이었다. 섬세의 마음은 무엇보다도 삶의 일상적 현상을, 평범한 사실을 올바로 이해하는 방법이다. "섬세의 마음에 있어서 원리라는 것은 공동의 관습 속에, 모든 인간의 눈앞dans l'usage commun et devant les yeux de tout le monde에 있다"(1)고 파스칼은 분명히 쓰고 있다. 섬세의 마음이 신비적인 직관을 뜻하지 않는 것은 말할 것도 없다.[2] 이러할 때, 지금 이 시대 사람들은 생의 철학을 '상식의 철학'에 불과하다고 조소할지 모른다. 그렇지만 인간의 존재를 구체적으로 이해하려는 자는 상식에 대해 무엇보다 성실해져야 한다. 이에 나태할 때 철학은 지반 없는 것이 된다. 왜냐하면 철학 또한 생의 발로이고 인간의 특수한 존재 방법에 다름 아니기 때문이다. 자기의 있는 그대로의 상태를 올바로 이해하는 것은 심오한 이론, 높고도 먼 이상을 논의하

● ●

2. 베르그송은 말한다. "파스칼은 순수이성이 아닌 어떤 다른 종류의 사고방식을 철학에 도입했다. 생각건대, 그런 사고방식은 섬세의 마음을 통해 개념적 사유가 기하학적인 것에 대해 갖는 것을 정정한다. 게다가 그것은 신비적인 직관이 아닌데, 왜냐하면 그것은 모든 사람에 의해 검토되고 음미될 수 있는 결과에 도달하기 때문이다."

는 데에 있어서도 한층 더 중요한 것이다. 수, 시간, 공간의 무한을 논하는 파스칼은 그것들에 의해 즉각 인간 존재의 근본적 규정을 생각하고, "그런 반성은 기하학 그 자체의 다른 모든 부분보다도 한층 더 값지다"(IX, 270)고 말한다. 섬세의 마음의 원리는 평생의 경험 속에 가로놓여 있는 것이므로, 그것을 알기 위해 사람은 오직 머리를 돌리기만 하면 된다. 이것은 무엇보다도 쉬운 것처럼 보이지만 결코 쉬운 것이 아니다. "거기서는 오직 좋은[밝은] 안목을 갖는 것만이 문제이다. 좋은 안목을 갖는 것은 무슨 일이 있어도 꼭 필요하다[Il n'est question que d'avoir bonne vue, mais il faut l'avoir bonne.]"(1) 좋은 안목을 기르려는 자는 생 그 자체와 끊임없이 대질해야만 하는 것이다.

섬세의 마음은 직관으로서, 첫째로 추상적·논리적인 인식의 방법에 현저히 대립한다. 기하학적인 마음이 한발 한발 추론의 길을 더듬어 찾는 데 반해, 섬세의 마음은 일격에, 한눈에 전체를 파악한다. 이는 물론 섬세의 마음에 논리가 결여되어 있음을 뜻하지 않는다. 어떤 뜻에서도 논리를 갖지 않은 마음은 '거짓된 마음esprit faux'이다. 거짓된 마음의 인간은 섬세한 인간도, 기하학자도 될 수 없다. 기하학의 논리가 정의하고 증명하는 것과는 달리, 섬세의 마음의 논리는 "침묵으로, 자연적으로, 기교 없이tacitement, naturellement et sans art"(1)

행해진다. 우리는 이 논리를 표현할 수 있는 말을 갖고 있지 않기에 이 논리는 침묵적이다. 인간의 말은 보통 추상적인 사정을 드러내는 데에 적당하게 만들어져 구체적인 일의 형편을 드러내는 데에는 불충분하다. 이 논리는 추상적 개념에 의하지 않기에 자연적이다. 또 그것은 형식적 추론에서 말미암지 않기에 무기교적이다. 섬세의 마음은 이성과 달리 논리를 갖지 않는다. 침묵의 논리란 스스로 몸소 배우는 길 외에는 없다. 섬세의 마음이 이성을 완전히 제외하는 것처럼 보이는 것은 전체의 직접적인 이해가 항상 앞서 있기 때문이고, 그런 전체의 이해가 모든 때에 수반되고 있기 때문이다. 이 경우 개개의 특수한 사실은 언제라도 전체와의 관계에서 진정으로 이해되는 것이다. 기하학적인 마음은 정의와 원리로부터 출발해 엄밀한 질서를 따라 증명하면서 자기를 전개하므로 그 지식은 체계적이다. 그런데 섬세의 마음에 관한 지식에 있어선 그러한 형식적 의미의 체계를 만드는 것이 불가능하다. 파스칼은 말한다. "인간에 관한 그 어떤 학문도 질서를 지키는 것은 불가능하다. 성 토마스는 그것을 지키지 못했다. 수학은 그것을 지키고 있다. 그러나 수학은 심오한 까닭에 무용하다."(61) 수리數理의 인식은 그 본질에서 체계적일 수 있고 또 체계적이지 않으면 안 된다. 그런데 사람들은 구체적인 인간의 존재를 거듭 추상적으로 취급하고 외면적인 체계를 수립함으로써 마치 심오한 지식을 줄 수 있는 것처럼 겉모습을 분식한다. 이처럼 체계는 '심오하므로 무용inutile en sa profondeur'하다. 만약 인간에 관한 학문의 무질서로 인하여 그것이 비非방법적인 것에 기초해 있음에 불과한 것이라면, 의심의 여지없이 그것은 무엇보다 기피해야 할, 무엇보다 회피해야 할 것이다. 이 무질서를 두고 인간에 관한 학문이 일시적인 인상이나 즉석의 감흥을 급한 대로 긁어 모아놓은 것에서 유래하고 있다고 말해서는 안 된다. 오히려 이 무질서는 인간의 존재 그 자체의 근본적 규정으로부터 필연적인 것이 된다. 수학적 존재는 고요하여 움직이지 않으며, 그럼으로써 우리에게 인식의 명확한 지표를 주는 것이 가능하다. 그 원리는 '명료함이면서 조야함nets et grossiers'이다. 이에 반해 인간은 운동하고 있는 존재이며 그 운동은 불안정하고 모순에 차있다. 그는 끊임없이 자기를 도피하고 자기를 은폐하는 존재이다. 한마디로 말하면, 인간의 존재는 언제까지나 의심하고 어디까지나 질문해야만 하는 성질을 지니고 있다. 이 존재의 원리는 "섬세함이면서 다수임多數, délicats et nombreux"(1)이고 이를 우리는 수학적 존재의 원리와 같은 방법으로 조종할 수 없다. 인간에 있어서는 타당한 명제의 무한한 계열의 기초가 되는 원리 같은 것은 존재하지 않는다. 추상적인 이론, 형식적인 체계는 무엇보다 많은 경우에 거꾸로 우리가 구체적이고 현실적인 인간의 존재에 접근하고 접촉하는 길을 틀어막는 것이 된다. 그래서 파스 칼은 말한다. "나는 여기서 나의 사상을 질서 없이, 그러나 필시 무계획적인 혼란에 빠지지는 않게끔 쓰려고 한다. 그것 이 참된 질서이고, 그것은 바로 자신의 무질서에 의해 이미 언제나 나의 목적을 제시할 것이다. 나는 그것이 질서를 용인 할 수 없는 것임을 보이려는 것이므로, 만약 내가 그것을 질서 정연한 것으로 취급했다면 나는 그렇게 함으로써 그것에 지나 친 광영을 준 게 될 것이다."(373)[3] 인간의 연구에서 형식적인 질서는 거짓된 질서이며 오히려 그런 질서 없음이 참된 질서 이다. 왜냐하면 인간의 존재는 그 근본적인 규정에서 그런 형식적 질서를 용인할 수 없는 것이기 때문이다.

둘째로, 섬세의 마음은 그것이 적극적으로 감정sentiment이 라는 뜻에서의 직관이다. 이 감정은 비합리성의 이름이 아니 라 마음의 특수한 작용방법을 보여주는 개념이다. 감정의 이 름은 마음이 전체를 "한눈에 보는voir d'une vue"(3) 것을 표현한

3. [파스칼의 이 문장들은 '회의론자(필론주의자)에겐 질서가 있을 수 없음'을 언급하는 맥락 속에 들어있다. 미키 기요시는 그런 회의론 자에 관련된 명시적 문맥을 노출시키지 않았다. 코기토를 고안한 이유 중 하나가 필론주의의 무질서를 극복하기 위한 것이었다면, 그런 무질서성에 대한 인식의 벡터에서 파스칼은 데카르트와 차이 난다.]

다. 이에 반해 이성은 "완만하게avec lenteur"(252) 작용한다. 기하학적인 마음은 정의하고 증명해가면서 계열적이고 연속적으로 전진하는 까닭에 그 인식의 방법이 완만하고 강직하다. 그러나 섬세의 마음은 [탄력적이고] 부드러우며, 말없이 침묵으로 사물을 그 전체성에서 한순간에 꿰뚫어 보는 것이다. 또한 감정의 이름은 섬세의 마음이라는 것이 특히 가치에 관계하는 존재에 대한 이해의 능력임을 뜻한다. 생각건대 인간 존재의 무엇보다 근본적인 원리는 행복의 요구에 있다. 모든 인간은 행복함을 구하며 그것에는 예외가 없다(425; IX, 273). 행복 또는 쾌락은 일상생활 속 모든 인간들의 일반적인 사용 속에 가로놓인 원리이다. 그러한 정념적인·의지적인, 따라서 가치적인 원리는 이성에 의해 완전하게 인식되지 않는다. 오히려 그것을 이해하는 것은 정념적·의지적 직관이다. 그러한 원리를 단지 지적인 직관을 가지고 보는 것은 불가능하다. 섬세의 마음에 있어서 원리란 볼 수 있다기보다 오히려 느낄 수 있다(1). "전체는 부분보다 크다"와 같은 지식의 원리는 모든 경우에서 움직이지 않으며 일단 그것에 눈길을 보내거나 보내지 않거나 간에 사람들은 그것을 오인하는 일이 없다. 그런데 정념·의지의 원리는 그것과는 전혀 다른 성질을 지닌다. "쾌락의 원리는 견고하지 않으며 안정되지 않다."(IX, 273) 그것은 모든 사람들 사이에서, 또 각각의 개인들에게서 서로 다른 것이며 변화한다. 그런 까닭에 이 쾌락의 원리와 개개의 구체적 진리의 연관은 기하학의 방법에 따라 증명될 수 없으며, 우리는 오직 그것을 섬세의 마음에 의해 직접적으로 포착하는 수밖엔 없는 것이다.

인간의 이해에 무엇보다 결정적인 것은 전체의 직관이다. 그러나 그런 직관이 단지 그것만으로 끝나는 것이라면 거기서 우리는 방법에 대해 논할 여지를 갖지 못할 것이다. 인간의 연구가 방법적으로 있기 위해서는, 전체의 직관은 어떤 식으로든 자기를 분화시키고 그런 분화에 의해 자기를 완성하지 않으면 안 된다. 즉 인간의 연구는 분석적으로 나아가지 않으면 안 된다. 이 분석은 본디 논리적 분석이 아니고 자연과학적 분석도 아니다. 분석한다는 것은 오히려, 파스칼의 말을 사용하자면 '식별한다discerner[감각에 의한 식별]' 혹은 '분별한다distinguer'는 것이다. 인간 존재의 원리는 보통의 관습 속에, 모든 사람들의 눈앞에 있다. 그것을 이해하는 데에는 '좋은 안목'을 가지고 식별하면 괜찮을 것이다. 파스칼은 말한다. "좋은 것만큼 보통인 것은 없다. 오직 그 좋음을 식별하는 것이 문제이기 때문이다. 좋은 것이 모두 자연적으로 있고, 우리들의 손이 닿는 곳에 있으며, 모든 사람들이 알고 있는 것에만 있다는 것은 분명하다. 그러나 사람들은 그것을 분별할 수 없다."(IX, 288, 289) 많은 이들은 우리들 존재에 관한 진리가 뭔가 이상한 것 혹은 기이한 것인 듯 잘못 생각한다. 그들은 현실에서 멀어지고 아득한 세계에서 오로지 이론만을 구한다. 인간의 연구가 진실한 지식이 되기 위해서는 무엇보다도 거듭 인간의 연구를 그러한 이론의 고공으로부터 지상으로 끌어내리지 않으면 안 된다. "그러한 지식으로 들어가는 자들을 그들이 따라야 할 참된 길로부터 멀어지게 하는 주된 이유 중 하나는, 그런 지식에 위대한, 높고 아득한, 숭고한 것의 이름을 부여함으로써 좋은 것이 그런 지식에 가까이 다가가지 못하는 것인 양 미리 상상한다는 점이다."(IX, 289, 290) 인간에 대한 진리는 오히려 낮고 가까운, 지천으로 흔한, 세속적인 것의 이름으로 일컬어지는 것이 적절할 것이다. 그런 진리를 인식하는 길은 손에 가까이 닿는 생의 사실을 구체적으로 분석하는 데에 있다. 이 분석이 구체적이기 위해서는 전체의 직관을 떠나서는 안 된다. 인간 존재의 분석은 어디까지나 생의 현실에 따르는, 어디까지나 생의 현실을 쫓는, 그런 그물망과 매듭을 분별하는 일이어야 한다. 섬세의 마음이란 마치 감성·지각이 빨강색과 파랑색을 식별하는 것 같이, 구체적인 존재를 구체적으로 식별하는 마음이다. 이 경우 식별성이란 존재의 내용이 그 자신에 의해 상호 분리되는 것 외에 다른 어떤 것도 뜻하지 않는다. 식별성은 존재의 내용 그 자체 속에 가로놓여 있는 것이다. 따라서 분석에 의해 구별되는 것은 추상적인 것이 아니라 그 스스로 살아있는, 힘 있는 현실이다.

그렇지만 생의 분석에는 역시 한층 더 특수한 구조가 요구된다. 이는 인간 존재의 규정을 반성하는 것에 의해 명료해질 것이다. 인간은 자기의 있는 그대로의 상태를 언제나 드러내는 존재가 아니다. 오히려 그는 끊임없이 자신을 은폐한다. 인간이 현실적 존재라고 말하는 것은 인간이 스스로의 내용을 모조리 현현시키는 것을 뜻하지 않는다. 차라리 그 스스로가 자기 자신을 폐쇄하는 것, 즉 어떤 의미로는 현실이 현실적이지 않은 곳에 인간 존재의 현실성이 갖는 현저한 특색이 있다. 그런 까닭에 섬세의 마음에 의한 식별이 감성·지각에 의한 식별에서처럼 행해지는 것만으로는 인간의 존재에 대한 이해가 불충분한 것일 수밖에 없다. 우리의 눈에 보이지 않는 것이야말로 오히려 인간의 존재에 결정적인 요소이다. 그것은 눈에 보이지 않는 현실을 규정하고 그것을 성립시키고 있는 힘이다. 파스칼에 따르면 그것이 '현실의 이유raison des effets'이다. 여기서 '현실'이라고 불리는 것은 감성적인 것과 같이 밝게 스스로를 드러내고 있는 현실이다. 거기서 '이유'라고 일컬어지는 것은 그런 현실의 근거가 되고 있는, 눈에 보이지 않는, 오직 특수한 에스프리에 의해서만 볼 수 있는 현실이다. 현실의 이유는 생의 내용을 단지 식별하는 것으로서가 아니라 그것을 우월한 의미에 있어서 분석하는 것에 의해 이해하게 되는 것이다. 혹은 참되게 식별하는 것은 분석하는 것이지 않으면 안 되며, 참되게 분석하는 것은 현실의 이유를 아는 것이지 않으면 안 된다. 현실의 이유는 무엇보다도 특수한 의미에서의 원인 또는 이유이다. 먼저 이 이유란, 그것이 드러나지 않는다고 하더라도 역시 생의 구체적인 현실이다. 그것은 하나의 현실인 까닭에 원리적으로는 분명히 드러나야 할 성질을 지니는 것이지만 그것을 보는 데에는 특수한 빛 또는 관점을 필요로 할 것이다. 현실의 이유에 있어서 인과관계— 굳이 이 이름을 사용한다면—곧, 원인과 결과라는 두 개의 정점은 동시에 살아있는 사실이다. 이는 파스칼이 즐겨 사용하는 예를 음미함으로써 쉽게 밝혀질 수 있을 것이다. 위락은 생의 현실이다. 그 현실의 이유는 인간의 자연상태의 비참과 무력함에 있다. 우리가 단지 눈앞에서 행해지는 위락의 현상에 눈길을 쏟고 있는 한, 현실의 이유인 인간의 비참은 우리 눈에 들어올 수 없을 것이다. 그때 우리가 보는 것은 화려한 춤이나 성대한 향연으로 흥겨워하고 있는 행복한 사람들이다. 그러나 일단 한번 그런 사실의 원인에 생각이 미칠 때, 우리가 거기서 발견하는 것은 그들의 비참과 약함이다. 즉 사람들은 정면에서 보기에는 견디기 어려운 자기의 연약과 빈핍을 덮어 가리고 흩어버리려는 것이다. "이 모든 것들[위락]은 인간의 생의 비참에 그 기초를 두고 있다."(167) "인간의 약함은 인간이 만들어낸 많은 미美의 원인이다."(329) 인간의 비참이나 연약이 위락의 사실에 있어서 직접적으로 눈에 보이지 않는다 해도, 그것은 예컨대 질병이나 죽음과 같은 구체적인 생의 현실이다. 현실의 이유의 원인과 결과는 그렇게 어느 것이나 살아있는 현실이기 때문에, 이 인과관계를 인식하는 방법은 특히 분석이라고 이름 붙일 수 있는 것이다. 그런데 이 분석은 보통 '심리분석'이라고 일컬어지는 것과 비슷하게 보일지도 모른다. 그러나 우리가 말하는 분석은 단순한 심리분석이 아니다. 인간 상태의 비참이나 결함은 단지 심리적인 것이 아니다. 위락의 현실에서 무엇보다 주요한 이유라고 생각할 수 있는 죽음은 단순한 심리적 사실이 아닌 것이다. 그것들은 심리적이거나 물질적인 것이 아닌, 오히려 통속적으로 신체와 정신에서 구성된다고 말해지고 있는 구체적 인간의 생에서의 구체적 사실이다. 이 경우 분석은 심리의 분석이 아니라 오히려 생 그 자체의 분석이다. 혹여 그것까지도 굳이 심리분석이라고 말하고 싶다면 그것은 심리학자의 심리분석이 아니라 예술가의 심리분석에 비교될 만한 것이다. 분석의 목적은 생의 사실들 상호 간의 관계를 명료하게 밝히는 데에 있다. 그런 관계에 무게중심을 두고 생각한다면 섬세의 마음의 작용은 '식별discernement'에 있다기보다도 오히려 '판별jugement'에 있다. 섬세의 마음은 눈에 보이지 않는 이유를 통해 눈에 보이는 현실을 판단한다. 이렇게 판단하는 것은 해석하는 것이다. 현실의 이유의 인과관계가 자연과학적인 인과관계가 아닌 것은 말할 필요도 없다. 따라서 이 이유에 대한 연구를 지향하는 학문은 설명적이지 않다. 그러나 그것을 순수하게 기술적記述的으로 사고하는 것도 잘못이다. 사실과 사실의 내면적 관계는 단순한 기술에 의해서는 명확하게 될 수 없는 것이다. 현실의 이유에 대한 인식을 목적으로 하는 학문은 오히려 해석적이라고 이름 붙일 만한 것이다. 인간의 존재에 관한 연구는 설명학도 아니고 기술학도 아닌 해석학이다. 해석학은 마치 기술학과 설명학의 중간에 위치하는 것으로 간주될 수 있다. 그것은 기술학과 같이 구체적 현실을 떠나지 않는다. 그리고 그것은 설명학과 같이 그 사실들 상호 간의 관계를 명확히 한다. 이리하여 현실의 이유는 특히 해석학적인 개념이 된다.

인간 존재의 해석은 특수한 구조를 갖지 않으면 안 된다. 어떤 이들이 파스칼의 디알렉티크[Dialektik]라고 부르는 것이 그것이다. 이미 플라톤은 디알렉티크가 동일한 것을 다른 것과, 다른 것을 동일한 것과 혼동함 없이 존재를 그 종류에 따라 나누는 것임을 서술하고 있다. 파스칼에게서도 디알렉티크는 인간의 존재를 올바로 식별하는 방법에 다름 아니다. 이 방법은 인간의 존재에 관해서는 특히 중요하다. 인간은 특히 질문해야만 하는 존재이다. 그것은 어디까지나 회의하는 존재이기에 우리의 질문에 대한 답은 일의적으로 결정될 수 없는 것이다. 그 답은 곧바로 다른 질문을 환기시키지 않으면 안 된다. 이는 최초의 답이 단순히 허위임을 가리키는 것이 아니라 오히려 그것이 부분적인, 따라서 추상적인 진리이고, 그것이 구체적인 진리가 되기 위해서는 필연적으로 다른 반대의 진리로 이동해가지 않으면 안 됨을 뜻하는 것이다. 파스칼은 말한다. "사람들은 그 누구나 하나의 진리만을 따름으로써 한층 더 위험한 오류에 빠진다. 그들의 잘못은 어떤 허위를 따랐던 데에 있는 것이 아니라 또 하나의 다른 진리를 따르지 않은 데에 있다."(863) 여러 철학 상의 논설은 허위로부터 출발하고 있기 때문이 아니라, 오히려 오직 하나의 진리로부터만 출발해 반대의 진리를 고려하지 않기 때문에 오류이다. 모든 설은 원리적으로는 옳다. 그것들은 어떤 진리를 보면서 구체적인 진리의 한 계기를 포함하고 있다. 그렇지만 그것은 추상적 진리를 오직 하나의 진리로 간주하고 있다는 점에서 잘못이다. "그것들의 원리는 참이다[정당하다]. 필로니언의 그것도, 스토익의 그것도, 무신론자의 그것도. 그러나 그들의 결론은 거짓이다. 왜냐하면 반대의 원리 또한 참이기 때문에."(394) 그런 까닭에 구체적인 진리를 발견하기 위해서는 디알렉티크의 방법에 의거하지 않으면 안 되는 것이다. 파스칼은 쓴다. "두 개의 상반되는 이유. 사람은 거기서부터 시작해야 한다.

그것 없이 사람은 무엇도 이해하지 못하며 모든 것은 이교·사설邪說이 된다. 게다가 각각의 진리의 결말에 이르러서까지 반대의 진리가 상기되고 있음을 덧붙이지 않으면 안 된다."(567) 다시 한 번 위락을 예로 들어 파스칼의 디알렉티크를 설명하고자 한다. 내가 이렇게 거듭 위락으로 돌아가는 것은 전혀 우연이 아니다. 생각건대 위락은 단지 유흥 혹은 유희가 아니라 인생에서 무엇보다 광범위하고 근본적인 현상이다. 그것은 사교나 정치나 내기나 전쟁, 그 위에 학문 연구까지도 포함하며, 모든 세속적인, 일견 무엇보다 진지한, 무엇보다 근면한 행위를 포함하는 개념이다. 파스칼은 "모든 특수한 행동의 영위를 하나하나 음미하지 않아도 그것들을 위락의 이름 아래 포괄하는 것으로 충분하다"(137)고 말한다. 인간의 무엇보다 자연적인 관심은 자기의 본래 상태로부터 눈을 돌리는 데에 있다. 따라서 인생에서 무엇보다 평범한 현실은 위락이다. 그런데 위락의 현실의 이유는 인간의 생의 비참에 있었다. 그런 까닭에 '비참'은 인간적 존재의 진리이다. 그런데 비참은 그 자신이 또한 생의 한 현실이기 때문에 우리는 스스로 나서서 그 현실의 이유를 질문하지 않으면 안 된다. 인간이 자기를 비참으로서 감지하는 이유는 그가 자각적 의식을 가진 데에 있다. 모든 피조물 중에서 비참한 것은 홀로 자각적 의식을 가진 인간만이다. 이것은 그의 위대함을 드러낸다. 그런 까닭에 '위대함'은 인간적 존재의 진리이다. 비참과 위대는 흡사 정립과 반정립의 관계로 서있다. 그리고 이 관계는 외면 적이지 않다. 정립 속에 반정립은 그런 정립의 이유로서 포함 되어 있다. 반정립은 정립과 동시에 함축적으로 주어지고 있 는 것이다. 따라서 생의 해석은 일자로부터 타자로 필연적으 로 움직여가지 않으면 안 된다. 이런 사정을 나는 좀 더 상세하 게 예시해보려고 한다. 명예를 구하는 것은 인간의 용렬함 중에서 가장 위대한 것이다. 그러나 그것은 그의 우월함으로 부터의 가장 위대한 도피이다. 왜냐하면 사람들은 재산을 가 지고 건강을 가져도 타인으로부터 존경받지 못할 때에는 만족 할 수가 없기 때문이다. 이처럼 그들은 다른 이들의 판단을, 따라서 인간의 이성을 존중하고 있다. 인간의 이성은 땅 위에 있는 무엇보다 아름다운 장소이다. 누구나 그 장소에서 환영 받기를 원한다. 인간을 무엇보다 심하게 비하하고 짐승같이 간주하는 자 또한 타인으로부터 상찬되고 신임받기를 원한다 는 점에서, 바로 그 자신의 주장에 모순되고 있는 것이다. 인간의 비천함을 가장 잘 보여주는 정욕의 이유는 오히려 인간의 고귀함을 가장 잘 보여주는 것이다. 이렇게 인간 존재 의 구조는 그것에 대한 하나의 해석으로 하여금 반드시 반대 되는 다른 해석을 촉진하는 성질을 지닌다. 생의 올바른 해석 은, 파스칼의 말을 사용하면 "정正으로부터 반反으로의 연속적인 전환renversement continuel du pour au contre"(328)을 행해야 하는 것이다. 디알렉티크는 생을 해석하는 방법이다. 저 현실의 이유에 대한 고찰은 디알렉티크를 따라 스스로 나아가지 않으면 안 된다. 그렇지만 이 디알렉티크가 단지 형식적인 것이고 인간 존재의 구조 그 자체와 그 어떤 내면적 관계도 갖지 않는 것이라면, 그것은 필경 무의미한, 오히려 유해한 것이 될 것이다. 그래서 파스칼은 주의하고 있다. "말을 억지로 강제함으로써 반정립antithéses을 만드는 자는 흡사 [집의] 대칭을 위해 빛도 바람도 들어오지 않는 장식용 창문을 만드는 자와 같다. 그들의 규칙은 올바로 말하는 것이 아니라 억지로 올바른 형태를 만드는 것이다."(27) 디알렉티크는 외면적인 형식이 아니다. 그러나 또한 그것은 단순히 논리적 모순에 의해 발전하는 것도 아니다. 오히려 디알렉티크는 인간 존재 그 자체의 구조에 의해 필연적으로 되고 있다. 인간의 근본적 규정은 모순에 있는 까닭에 그것의 해석은 정립과 반정립을 요구한다. 정립과 반정립은 서로 소멸해 합해지는 두 개의 진리가 아니라 오히려 서로의 부족을 보충해 합하는 두 개의 부분적 진리이다. 인간의 진정한 이름은 '이중성兩重性, duplicité'이다. 모순은 이 존재가 오성悟性의 추상적 범주를 통해서는 규정할 수 없는 풍부한 내용을 가지고 있음을 표현한다. 이와 같은 구체적 존재는 오직 디알렉티크에 의해 구체적으로 인식될 수 있다. 정립과 반정립은 종합에 있어서, 두 개의 부분적 진리는 그것의 통일에 있어서 비로소 구체적 진리로 구성된다. 생은 모순을 통일하고 종합하는 입장에서 비로소 완전하게 해석될 수 있는 것이다. 이 종합의 원리란 어떤 것인가.

이 질문에 답하기 전에, 나는 인간의 존재에 관한 진리의 성질을 다시 한 번 파고들어 검토해두려고 한다. 이 진리가 증명적이지 않다는 것에 대해서는 앞서 서술했다. 섬세의 마음의 논리는 침묵적이다. 이 논리는 스스로 증명되는 것에 다름 아니다. 나는 스스로의 심장에서 그것의 진위를 시험하지 않으면 안 된다. 사랑의 정념을 논하면서 파스칼은 말한다. "어떤 이는 거듭 독자로 하여금 그들 자신에 대해 반성하게 하며, 그들로 하여금 그가 말하는 진리를 스스로 발견하도록 강제하는 것에 의해서만 진리가 증명될 수 있는 것처럼 쓴다. 내가 여기서 말하는 증명이란 바로 그런 종류의 것이다."(III, 128) 우리는 이와 같은 진리에 대해 말하면서 자신과 타인 사이의 교류를 맺고 마음의 공동을 만드는 것에 유의하지 않으면 안 된다. 인간적 존재의 진리가 단지 오성에 호소하는 것만이 아니라 그 위에 또한 정념·의지를 납득시키는 것이지 않으면 진정한 의미에서 증명적이라고는 말할 수 없는 것이다. 그것의 증명은 지성의 '증명démonstration'이 아닌, 오히려 정념의 증명 방법인 '설득의 법art de persuader'을 따라야 하는 것이다. 사람은 오직 타인의 오성을 설복시킬 뿐인 진리를 갖고서는 마음으로부터 설득될 수 없다. 오히려 그의 정념·의지를 복종시키는 살아있는 진리에 의해 비로소 충분히 설득된다. 전 인격을 설득시키지 못하는 진리는 구체적인 인간의 존재에 관해 단지 부분적·추상적 진리에 지나지 않으며, 그런 한에서 그 진리는 허위라고 말할 수 있는 것이다. 파스칼이 말하는 설득의 법이란 이와 같이 전 인격적 증명의 방법이다. 구체적 진리는 오직 구체적으로만 증명될 수 있다. 생의 진리의 표준은 그것이 논리적으로 정합적인가 아닌가에 있는 것이 아니라, 그것이 과연 우리의 전적인 영혼을 설득하는가 아닌가에 있다. 그것은 외면적인 형식이 아닌 자기 자신 속에 있다. 따라서 완전한 인간만이 완전하게 생에 관한 형편들의 진위를 판별할 수 있다. 사람은 자신의 영혼을 갈고닦아 응답하면서 점점 더 많은 생의 진리를 발견한다. 범용한 영혼에게는 진리 또한 그 증명의 힘을 드러내지 못한다. 파스칼은 정신의 진리는 신체의 인간에게는 보이지 않으며 자비의 진리는 정신의 인간에게는 은폐되어 있다고 말한다. 생의 완전한 진리를 이해하기 위해서는 자기의 인격을 향상시키고 발전시키는 것이 필요하다. 다른 학문이 단지 지성의 일일 수 있는 것에 반해 인간의 연구가 도덕적 행위가 되는 이유 중 하나가 거기에 있다.

나는 나아가 인간의 존재에 관한 진리의 다른 특성에 대해 말하지 않으면 안 된다. 흔히들 진리는 절대적인 것, 최후궁극적인 것으로 간주되며 따라서 그것의 인식은 우리를 어떤 안정 속에 놓아둔다고 생각된다. 그렇지만 진리가 모두 그런 성질을 갖는가 아닌가는 파고들어 음미되어야 하는 것이다. 이렇게 말하면 사람들은 진리의 그러한 성질을 인정하지 않을 때에 상대주의 혹은 허무주의에 빠질 수밖에 없다고, 상대주의 혹은 허무주의는 논리적으로 자기모순이라고 반박할 것이다. 그러나 논리적으로 모순되지 않는 것이 모든 진리가 가져야만 하는 필연적 특징인 것은 아니다. "모순은 진리의 한 가지 악한 표지이다. 확실한 많은 일들의 사정은 실은 모순이다. 많은 허위적 일들의 사정은 모순 없이 성립한다. 모순이 허위의 표지가 아니라면, 모순 아닌 것도 진리의 표지는 아닌 것이다."(384) 어떤 종류의 존재에 있어선 모순이 진리이다. 그뿐만 아니라 다른 어떤 종류의 존재는 궁극적인·절대적인 진리를 얻는 것이 불가능한 구조를 그 자신 안에 지니고 있다. 수학적 존재의 진리는 모순 없이 보편타당한 것일 수 있다. 따라서 그것의 인식은 우리에게 안정을 가져올 수 있는 것으로 보인다. 그러나 인간적 존재에 관해서는 그런 것이 불가능하다. 생의 진리의 인식이 우리를 불안에 놓아둔다는 것은 그 진리의 특성이다. 비참은 인간적 존재의 진리이다. 이 진리는 비참으로서 우리를 불안으로 이끈다. 비참의 이유는 인간의 위대함에 있으며 위대함은 생의 진리이다. 그런데 비참함과 위대함은 서로 모순되는 까닭에 진리를 아는 것은 또다시 우리에게 불안을 줄 것이다. 그럴 뿐만 아니라 절대적·궁극적인 것을 향하는 모든 학문적 지식, 우리에게 안정을 가져온다고 보이는 모든 진리를 동요시키고 그런 인식의 안정성을 박탈하는 것은, 생각건대 생의 진리의 특징이다. 구체적인 생에 관련시켜 보면 비록 학문의 연구라 하더라도 그것은 하나의 위락에 지나지 않는다. 그리고 이 위락의 이유는 인간 상태의 비참에 있다. 또 구체적인 생의 불안에 있어서는 추상적 학문의 확실함이나 안정성이란 그 무엇에 의해서도 지탱될 수 없는 것이다. 죽음에 직면해서는 추상적 진리의 모든 명증함이나 절대성은 근저로부터 요동치게 된다. 파스칼은 "고뇌의 시간 속에서 외면적인 사물에 관한 학문은 인간에 대한 학문의 무지로부터 나를 위로하지 못할 것이다"(67)라고 말한다. 인간에게 알맞은 진정한 학문은 구체적인 인간을 구체적으로 연구하는 것이다. 인간을 아는 것만큼 인간에게 필요한 것은 없다. 파스칼은 쓴다. "인간은 욕망으로 가득 차있다. 그는 자신의 모든 욕망을 만족시켜줄 수 있는 것 외에는 사랑하지 않는다. '이 사람은 훌륭한 수학자다'라고 사람들은 말한다.—그러나 나는 수학을 가지고 무언가를 시작하려는 것이다. 수학자는 나를 하나의 정리[眞理]로 간주할 것이다.”(36) 그런데 인간의 진리를 알 때 사람들은 필연적으로 불안하다. 추상적인 지식은 절대적·궁극적일 수 있다. 그러나 그 절대성·궁극성은 추상적인 까닭에 생의 불안의 보증이 되지는 않는다. 생의 지식은 구체적이다. 그러나 그것은 절대적·궁극적이지 않은 까닭에 생의 불안을 더할 뿐이다. 생의 진리도 애초에 진리이기 때문에 그 자신에게 확실한 것임은 말할 것도 없지만, 그 확실함이 생에 안정을 주지 않는 것은 그 진리가 절대적·궁극적인 것이 아니기 때문이다. 그런 안정의 차원 속에서 인간의 존재는 궁극적인 진리를 얻는 것이 불가능한 구조를 그 자신 안에 갖고 있다. 오히려 어디까지나 질문해야만 하는 것이 이 존재의 근본적 규정이다. 생의 불안에 최후의 안정을 가져오는 진리는 구체성과 절대성을 동시에 구비하지 않으면 안 되는 것이다. 그러한 진리는 인간 그 자체에게는 없다. 정념적인 위안, 우리 존재의 전체에 유열[유쾌·기쁨]과 평화를 가져오는 진리는 신 이외에는 없는 것이다. 그런 까닭에 신은 생의 진리이다.

신은 단순한 섬세의 마음에 의해서는 보이지 않는다. 신에 대한 인식은 물론 직관에 기대를 걸지 않으면 안 되지만, 그 직관은 섬세의 마음에 있어서의 그것이 아니다. 이 직관은 『죄인의 회개에 대한 책』에 쓰여 있는 것과 같이 “그것에 의해 영혼이 완전히 새로운 방법으로 사물과 자기 스스로를 바라보는 것, 전적으로 이상한 하나의 지식과 관점une connaissance et une vue tout extraordinaire par laquelle l'âme considère les choses et elle même d'une façon toute nouvelle"(X, 422)이다. 그것은 이미 에스프리의 문제가 아니라 오히려 세 가지 질서의 사상에 분명하게 드러나 있는 것처럼 다른 질서의 생에 관한 문제이다. 새로운 빛은 자비로부터 온다. 그런데 자비의 질서는 에스프리의 인간에게는 보이지 않는 것이다. 거기에는 생 전체의 도약적인 전환이 없으면 안 된다. 인간 존재의 해석이 정립과 반정립의 모순을 지닌 것에 대해서는 앞서 썼다. 이 모순은 단지 논리적인 것만이 아니기 때문에 그 모순을 종합하여 디알렉티크를 내거는 통일은 논리적으로 발견될 수 없다. 오히려 이 모순은 생의 존재방법의 규정이기 때문에 그것의 종합적 통일은 어떤 의미에서 생의 존재방법 그 자체에 속하는 것으로서 고찰되지 않으면 안 된다. 파스칼에 의하면 그런 모순의 통일로서의 생은 자연적인 의미에서의 생 내부에는 없다. 초자연적인, 자비의 질서에서의 생 그것에서 비로소 그러한 종합과 통일이 존재하는 것이다. 그런데 이 높은 차원의 생을 에스프리를 가지고서 이해하는 것은 불가능하다. 따라서 에스프리에 의한 생의 해석에서는 인간 존재의 모순을 종합적으로 해석하는 것이 허락되지 않는다. 모순은 자연의 질서에 속하는 것이고, 해결은 초자연적인 것이다. 에스프리가 스스로 정립과 반정립을 수립한다는 것은 오히려 그런 모순에 의해 에스프리의 본질적인 상대성이 드러나고 있는 것에 다름 아니다. 파스칼의 디알렉티크에 있어서 모순이란, 그 자신에게 적극적인 의의를 갖는 것이 아니라 오히려 소극적인 답을 뜻하는 것이었다. 에스프리는 생의 해석의 디알렉티크를 완성할 수 없다. 이 디알렉티크는 제2차적인 생의 해석을 요구한다. 종교가 그것을 준다. 생의 해석에 "단계grada-tion"(337)가 있는 것은 파스칼이 확정한 것이었다. 생은 여러 해석을 수용할 수 있는 성질을 지닌다. 그 생에 대해 갖가지 해석이 가능하다고 말하는 것은, 예컨대 인간 존재를 수학적 존재로 해석할 때 그 존재가 고유한 특색을 띠는 것처럼, 그렇게 생에 대한 여러 해석은 서로 이질적인 단계를 조형한다. 디알렉티크의 단계 사이에 내면적인 연속은 없다. 거기에는 오히려 초월적인 비약이 없으면 안 된다. 생에 대한 해석은 필경 생의 자기 해석이다. 왜냐하면 생의 해석은 생의 존재방법 그 자체를 표현하기 때문이다. 사람들은 자기의 생이 속하는 질서에 응하여 생을 해석한다. 이리하여 디알렉티크는 생의 존재방법의 디알렉티크 바로 그것이 된다. 인간 존재의 모순을 종합하는 관점은 에스프리의 질서에 있는 생에게는 주어질 수 없다. 그런 관점을 획득하기 위해서 생은 자비의

질서에까지 상승하는 것이 필요하다. 디알렉티크는 생의 종교
적 해석에 도달해서 비로소 완성되는 것이다.

3

이성은 본디 신의 인식에 알맞지 않다. 자비의 질서에 관하
여 이성은 그 무엇도 결정할 수 없다. 오히려 그 경우 자연적인
인식은 안티노미[Antinomie, 이율배반]에 빠지는 것이다. 파스칼
은 『팡세』의 단편 230번에서 그런 안티노미를 거론한다. "신
이 있다는 것은 이해할 수 없는 것이다. 그리고 우리가 영혼을
가지고 있다는 것도 이해할 수 없는 것이다. 원죄가 있다는
것은 이해할 수 없는 것이다. 그리고 원죄가 없다는 것도 이해
할 수 없는 것이다."(230) 정립과 반정립은 개념적으로 동등하
게 있을 수 있는 것이고, 그 결과 둘 모두는 함께 개념적으로는
이해되지 않는 것이다. 그렇지만 지금 파스칼의 안티노미를
살펴 음미할 때, 우리는 정립과 반정립이라는 두 계열의 불가
해성 사이에 본질적인 차이가 있음을 발견할 것이다. 왜냐하
면 정립의 계열은 우리의 이성, 한층 정밀하게는 우리의 '논리'
에 관계하고, 반정립의 계열은 '사실'에 관계하기 때문이다.
바꿔 말하면 정립의 개열이 개념적으로 이해될 수 없는 것은

이성의 논리적 구조가 그것에 반하여 정초되기 때문이고, 반정립의 계열이 개념적으로 이해될 수 없는 것은 그것에 반하여 사실이 존재하기 때문이다. 예를 들면 신은 초월적인 그리고 내재적인 존재, 인간의 의지를 결정적으로 그리고 자유로이 움직이는 존재이기 때문에 신이 있다는 것은 이성의 논리를 갖고서는 이해할 수 없다. 그러나 신을 예상하지 않고서는 자연, 특히 역사의 사실, 우리의 본성, 우리의 존재 그 자체 속에서는 설명될 수 없는 것이 있기 때문에 신이 없다는 것도 이해할 수 없다. 그것이 정립과 반정립의 불가해성으로 인해 그렇게 되는 것이라면 안티노미의 해결이 어느 방향에서 구해져야 하는가는 결정될 수 있다. 논리와 사실, 개념과 존재 사이에 서서 우리는 언제라도 사실과 존재를 선택하지 않으면 안 된다. 신, 영혼, 창조와 원죄는 승인되어야 할 이유가 있다. 이성은 사실 앞에서 스스로를 굽힘으로써 자기가 세우고 있는 안티노미를 해결할 가능성이 주어지는 것이다.

그러나 여기서 말하는 사실은 단지 사실인 것만이 아니라, 특히 자비의 질서에서의 생에 관한 사실이다. 그런데 이성은 이와 같은 특수한 사실을 이해할 수 없다. 그런 까닭에 이성이 사실에 길을 양보함으로써 안티노미의 해결 가능성이 주어진다고 해도, 그것만으로는 그 가능성이 실현될 수 없다. 이를 위해서는 생 그 자체가 정신의 질서로부터 자비의 질서로까지 높아지지 않으면 안 된다. 이성의 안티노미를 해결하는 것은 종교이다. 종교는 생의 사실, 따라서 이성의 무력함의 사실까지도 남김없이 해석하여 그런 안티노미를 해결한다. 이성이 자기의 안티노미를 스스로 해결할 수 없는 것은 생의 내부에 이성이 인식할 수 없는 높은 차원의 사실이 존재하기 때문이다. 이성이 자기의 무력함을 고백하는 것은 그런 사실을 공평하게 존중하고 그 권리를 솔직하게 승인하는 것이므로, 그것은 또한 자기의 힘을 표현하는 것이기도 하다. "이성에 대한 부인만큼 이성에 적실한 것은 없다."(272) "이성의 최후의 운동은 이성을 초월하는 사물이 얼마든지 있다는 것을 승인하는 것이다. 그것을 인지할 때까지 나아가지 않으면 이성은 빈약한 것일 수밖에 없다."(267) 우리는 헛되이 이성의 무력함을 한탄하지 말아야 한다. 오히려 파스칼은 말한다. "겸손해야 할 때 겸손하고, 의심해야 할 때 의심하고, 확실히 해야 할 때 확실히 하는 것을 아는 것이 필요하다."(268) 예를 들면 수학적 존재에 대해 이성은 절대적 인식을 얻는 것이 가능하기에, 이 경우를 두고 말하자면 이성은 독단론자인 것이 올바른 태도이다. 그러나 예를 들면 인간의 존재에 대해 이성은 어디까지나 질문하고 어디까지나 의문시하기에, 이를 두고 말하자면 이성은 회의론자인 것이 올바른 태도이다. 그리고 신에 관한 일들의 형편에 있어서 이성은 그 무엇도 이해할 수 없는 까닭에, 이때에 이성은 스스로를 겸손히 하여 신앙에 길을 양보해야 한다. 이리하여 자각적인 생을 살아가는 자는, 파스칼에 의하면 회의론자, 기하학자, 겸허한 그리스도인pyr-rhonien, géomètre, chrétien soumis이라는 세 개의 성질을 갖지 않으면 안 된다.

신에 대한 인식이 궁극에는 하나의 신비적인·초자연적인 가치로 귀결되리라는 것이 파스칼 최후의 확신이었음은 의심의 여지가 없다. 이는 무엇보다도 그의 인격적인 신앙을 고백하는 두 개의 문헌『각서覺書, Le Mémorial』와「예수의 비의Le Mystère de Jésus」에서 미세하지만 명료하게 나타난다. 그는 그의 체험을 '불Feu'이라는 한 글자로 쓴다. 이 불이 무엇을 의미하는가를 우리는 이미 말을 통해서는 설명할 수 없다.[4] 파스칼은 그가 체험했던 신이 '철학자나 박식한 자'의 신이 아니라 오직 아브라함의 신, 이삭의 신, 야곱의 신이라고 써놓았다. 데카르트는『제5성찰』에서 신에 대해 말하기를, "내가 그[신]의 관념, 즉 지고의 완전한 존재의 관념을 어떤 도형이나 어떤 수의 관념과 같은 정도로 내 마음속에서 발견하는 것은 확실

· ·
4. 파스칼이 말하는 '불'과 관계해서, 나는 아우구스티누스의 말을 떠올린다. "Pervenit ad id quod est in ictu trepidantis aspectus[한순간 '존재하는 그분'께 비로소 이르게 되었습니다]."(*Confessiones*, VII, 17)

하다. 그리고 나는 그에게 현실적인·영원적인 실재성이 속해 있다는 것을, 어떤 도형과 어떤 수에서 내가 증명할 수 있는 모든 것이 그 도형과 그 수의 성질에 진실로 속해 있음을 아는 것 같이 명석판명하게 알고 있다." 완전한 존재의 추상적인 정의로부터 그것의 실재성을 연역하는 데카르트의 증명이 정당하다고 하더라도, 그리스도인의 신은 기하학적 진리가 아니며 "기하학적 진리의 창조자"(556)조차도 아닐 것이다. 신과 도형을 코기토의 입장에서 균일화하는 데카르트의 철학은 어쩌면 심오한 것일지도 모른다. 그러나 파스칼은 다음과 같이 쓴다. "학문을 너무 심오하게 하는 이에 반대하여 글을 쓸 것. 데카르트."(76) 신의 직관은 수학적 확실성의 직관과 동일한 차원의 것이 아니다. 그것은 진정으로 '확실함'의 직관이기는 하지만, 그것은 신의 존재함의 확실함이 아니라 오히려 신을 사랑한다는 것의 확실함의 직관이다. 신의 직관은 '감정, 유열[유쾌·기쁨], 평화'의 체험이고, '유열, 유열, 유열, 유열의 눈물'의 체험이다. 이러한 신의 직관이 수학적 원리를 직관하는 '자연적인 빛'과 동일한 것이 아님은 물론이다. 또한 파스칼의 직관을, 예컨대 에크하르트의 신비적 직관과 동일시하는 것도 잘못일 것이다. 파스칼의 직관은 오히려 복음서에 드러나 있는 신의 체험, 그리스도에 의해 계시된, 역사로 살아 있는 인격적인 신과의 인격적인 교통이다. 이 직관의 신비는 천진난만無邪氣한 신비, 갓난아기의 영혼의 신비이다. 파스칼은 그러한 직관을 특히 '심정心情, cœur'이라고 부른다.[5]

그래서 우리는 파스칼에게서 직관의 개념은 적어도 세 종류로 구별되어야 한다는 것을 알 수 있다. 자연적인 빛, 섬세의 마음, 심정이 그것이다. 이 3자는 그것들이 동시에 동등하게 직관이기 때문에 여러 파스칼 학도들에 의해 아무렇게나 혼동되며, 이는 파스칼의 전 사상 위에 거듭 불행한 결과를 가져오고 있다. 파스칼 자신이 때에 따라서 이 3자를 총괄적으로 심정 혹은 본능instinct이라고 칭하는 것은 사실이다.[6] 이 경우 심정은 직관을 그 무엇보다도 우월한 것으로 표현하는 개념으로, 본능은 직관이 개념적 인식과는 다른 직접적이고도 가장 독자적인 확실성을 지녔다는 것을 뜻하는 이름으로 해석되어야 한다. 자연적인 빛은 전적으로 데카르트적인 개념이고 데카르트적이지 않은 의미를 조금도 갖지 않는다. 그것은 수학적 원리의 직관과 같은 순수하게 지적인 직관이다. 이에

· ·

5. H. Bremond, *La conversion de Pascal*. 참조. ['심정'이라는 미키의 번역어는, 앞선 3장 1절에서 ('심장의 질서'라고 할 때의) '심장cœur'으로 먼저 나왔다. 두 역어 모두 '존재 전체' 및 그것에 대한 '직관'과 관련되고 있다.]

6. 『팡세』 단편 281에서 말하는, "cœur, instinct, principes[심정, 본능, 원리]."

반하여 다른 둘은 동시에 정념적인 직관이지만, 그러나 그 사이에는 뒤섞일 수 없는 구별이 있다. 섬세의 마음은 일상적 생에 속한다. 그 원리는 '보통의 습관 속에, 모든 사람의 눈앞에' 있다. 그런데 심정은 '그것에 의해 영혼이 완전히 새로운 방법으로 사물과 자기 스스로를 바라보는 것, 전적으로 이상한 하나의 지식과 관점'이었다. 그것은 인간 존재의 최고의 가능성에 속한다. 바꿔 말하면 섬세의 마음이 여전히 정신의 질서에서의 생에 속하는 데 반해, 심정은 홀로 자비의 질서에서의 생에 존재하는 것이다. 그 둘은 서로 다른 차원의 것이고 그 둘 사이는 절대적인 이질성이 지배한다.

심정에 대한 이해는 단순한 이해가 아니라 동시에 행위와 같은 이해이다. '사랑', 상세하게는 '신의 사랑'이라는 개념이 그것을 드러낸다. 사랑은 이해와 행위의 합일이다. 우리는 파스칼이 신에 대한 인식에 있어서 실천적인 요소를 고조시키고 있음을 도처에서 발견한다. 신을 알기 위해서는 자신의 마음을 멸하고 정욕의 불을 진압하지 않으면 안 된다. 정념은 사람을 눈멀게 하고 신의 진리를 보는 것을 방해하는 까닭에 사람들은 먼저 탁해지는 정념으로부터 자유롭게 되지 않으면 안 된다. "그들은 말한다. 내가 만약 신앙을 갖게 된다면 나는 곧 쾌락을 버릴 것이다. 그에 반해 나는 말한다. 당신이 만약 쾌락을 버린다면 당신은 곧 신앙을 갖게 될 것이다."(240) 신에 대한 인식에는 생 전체의 전환이 필요하다. 이를 위해서는 무엇보다도 자연적인 생에 있어서 '우리의 모든 행위의 근원'인 정욕을 미워하는 것이 무엇인지를 아는 것이 중요하다. 이리하여 종교의 진리에 대한 인식은 지적 행위知的行이자 행위적 지行的知이다. 인간 존재의 디알렉티크, 신의 존재에 관한 안티노미를 해결하는 것은 종교였다. 우리는 지금 그 디알렉티크, 그 안티노미가 궁극에는 행하면서 아는 것, 알아가면서 행하는 것에 의해 해결될 것임을 안다. 생의 모순, 그 불가해성을 남김없이 풀이하는 것은 최후에는 지식이 아니라 오히려 실행이다. 이런 특수한 의미에서 생의 문제를 해결하는 것은 생 자신이라고 말할 수 있다. 곧 생의 문제는 이 문제를 우월한 의미에서 살아가는 것에 의해 해결될 것이다. 이것이 파스칼의 확신이고, 우리는 거기에서 그의 무엇보다 깊은 사상을 보는 것이다.

제6장 종교에서의 생生의 해석

1

파스칼을 알고자 하는 사람은 저 아름다운 기록『에픽테토스와 몽테뉴에 관한 드 사시 씨와의 대화Entretien avec M. de Saci sur Épictète et Montaigne[1655]』를 펴서 읽는 것을 잊어선 안 된다. 에픽테토스와 몽테뉴는 파스칼이 가장 친근히 대했던 두 책이었다. 이 두 사람은 인간의 상태와 운명에 대해 가르친다. 에픽테토스는 인간이 위대하며 신의 질서에 합치하고 있음을 보여준다. 그는 인간의 의무를 누구보다도 잘 이해했었지만 인간의 비참함에 대해서는 맹목이었다. 그래서 그는 사람이 행할 수 있는 능력을 잘못 측량함으로써 인간의 오만에 대해 설명하는 것에 함몰됐던 것이다. 몽테뉴는 인간의 불확실함과 무력함을 묘사하고 있다. 그는 인간의 병폐를 누구보다도 더 분명히 관찰했음에도 인간의 위대함에 대해서는 무감각했다. 그 때문에 그의 의심은 머물러 남게 된 권태를 권하는 것으로 끝났던 것이다. 인간은 이중兩重의 존재이다. 비참함과 위대함, 그것은 인간의 두 가지 근본적 규정에 속한다. 따라서 이 존재의 진리를 보려는 자는 그 두 상태를 함께 알지 않으면 안 되었음에도 몽테뉴와 에픽테토스는 그것들을 따로따로 고찰했던 까닭에 각기 오만과 권태l'orgueil et la paresse라는 두 개의 악덕 중 한쪽으로 기어코 이끌리지 않을 수 없었던 것이다. 이와 같이 하나의 사상이 잘못되고 있는 곳에서 다른 사상들은 올바른 것이므로 사람들은 그것들 여러 개를 조합함으로써 인간에 관한 하나의 완전한 지식을 얻을 수 있으리라고 상상할 것이다. "그렇지만 이 평화 대신에, 그것들의 조합물에서는 하나의 쟁투, 하나의 일반적인 파괴 이외에는 생겨나지 않을 것이다. 생각건대 하나는 확실함을 다른 하나는 회의를, 하나는 인간의 위대함을 다른 하나는 그의 무력함을 수립하는 것에 의해 그들은 서로의 허위에 대해서와 마찬가지로 서로의 진리를 상호 파괴하기 때문이다. 그래서 그들은 그들의 결함 때문에 홀로는 성립할 수가 없으며, 동시에 그들의 반대로 인해 서로 결합할 수가 없는 것이다. 이렇게 그들은 서로 부수고 마주 멸함으로써 복음서의 진리에 장소를 양보하게 된다."(IV, 53) 그리스도교는 인간적 존재의 비참함과 위대함 사이의 모순을 조화시키는 높은 진리의 소유 자이다. 종교의 진리는 어떤 방법으로 필연적인 생의 모순을 종합적으로 해석하는가.

생에 대한 해석의 주된 방법은 저 현실의 이유를 명확히 하는 데에 있다. 철학은 생의 현실의 이유를 비참함으로서, 위대함으로서 발견했다. 그런데 이 현실의 이유는 예컨대 눈에 보이지 않는다고 해도 그 자신 이미 생의 현실이기에 위대함과 비참함의 모순 그 자체가 생의 현실로서 자각되지 않으면 안 된다. 모순은 모순으로서 우리는 거기서 안락을 얻을 수 없는 까닭에 그런 모순의 현실의 이유를 질문하기가 여의치 않을 것이다. 여기서 말하는 현실의 이유는, 정밀하게는 제2차적인 현실의 이유이다. 왜냐하면 비참함과 위대함은 그 자신 이미 현실의 이유이고 그런 이유의 이유를 뜻하는 것이 여기서 말하는 현실의 이유이기 때문이다. 자연적인, 말하자면 제1차적인 현실의 이유는 에스프리[정신]에 의해 보는 것이 가능했었다. 그런데 에스프리가 발견했던 것은 모순이다. 모순의 이유는 모순의 종합 바깥에 있을 수 없다. 그렇지만 파스칼에 따르면 그런 종합의 원리는 에스프리를 통해서는 보는 것이 허락되지 않는 것이었다. 그것은 오직 "하나의 다른, 한층 높은 빛에 의해서만par une autre lumière supérieure"(337) 보일 수 있을 뿐이다. 그렇게 한층 높은 빛을 소유한 것이 저 심정이다.

　자연적인 현실의 이유가 그 스스로 하나의 현실인 것에 만해, 제2차적인 현실의 이유에 있어선 그것을 단순히 현실이라고 칭하는 것은 적절치 않다. 파스칼은 그것을 특히 우월한 의미에서의 현실, 즉 '실재réalièt' 또는 '진리vérité'라고 부른다. 이와 같이 진리를 이유로 해서 현실이 해석될 때, 현실은 이미 발가벗은 현실로서 해석되지 않는다. 이때 현실인 것은 진리·실재에 대한 '상징figuratif, signe'이 된다. 상징은 종교가 존재를 해석하는 데에 없어서는 안 될 개념이다. "이 사상은 사람들이 주의 깊게 두루 생각하지 않았으므로 많은 시간을 방치해선 안 될 만큼 일반적으로 유용하다"(II, 249)고 파스칼은 말한다. 그러므로 나는 상징의 개념에 관하여 거듭 상세히 생각해보려고 한다.

　상징의 개념은 상징된 것의 개념과 함께 주어진다. 상징된 것은 진리이다. 이 진리란 곧 종교의 진리내용에 다름 아니다. 그리고 진리는 오직 사랑에 의해 이해될 수 있을 뿐이다. 인간적인 사물事物에 있어서는 사람들이 말하는 것처럼 그것을 사랑하기 전에 그것을 알지 않으면 안 되는 것이지만, 신적인 사물에 관해서는 그것을 알기 위해서 그것을 사랑하는 것이 필요한 것이다. "사랑을 통하는 것 외에 사람들은 진리에 들어가지 못한다."(II, 272) 순수하게 이론적으로 신을 인식할 수 있다고 생각하는 사람은 진리를 아는 자가 아니라 우상을 만드는 자다. "사람들은 진리 그 자체를 우상으로 만들어낸다. 생각건대 사랑을 떠난 진리는 신이 될 수 없다. 그것은 신의 영상이고 하나의 우상이며, 사람들은 그것을 사랑해서도 숭배해서도 안 된다."(582) "신을 사변적으로 아는 것은 신을 인식하지 못하는 것이다."(I, 76) 종교적 진리의 인식은 사랑을 기대하고 행할 수 있는 것인바, 그렇게 사랑에 기초하는 이해의 방법이 '심정'이다. 신이란 "[이성이 아니라] 심정에 의해 느껴지는 신Dieu sensible au cœur"(278)이다. 지금 상징의 개념은 이렇게 진리의 개념에 수반되는 것이므로 그것은 또한 자연스레 심정과 관계하여 해석되지 않으면 안 될 것이다. 오히려 상징은, 심정이라는 것이 세계와 인간을 해석하는 무엇보다 고유한 방법을 원리적으로 규정하는 개념이다. 자연과 인생의 도처에서 심정은 진리의 상징 형태로서 만난다. 이리하여 "자연은 은총에 대한 하나의 상징이다."(675) "물체적인 것은 정신적인 것의 상징에 지나지 않는다. 신은 눈에 보이지 않는 것을 눈에 보이는 것 속에서 드러낸다."(II, 249) 모든 사물에는 두 가지 의미가 있다. 거기에는 상징 그 자체가 있으며 그리고 상징된 실재가 있는 것이다.

심정은 분명히 하나의 정념적인 직관이다. 그것은 "내면적이자 직접적인 감정"(732)이다. 따라서 상징이 특별히 정념적인·의지적인 이해방법의 특성을 보이는 개념인 것은 말할 필요가 없을 것이다. 그러나 우리는 이 경우 심정을 추상적으로 생각하는 것을 삼가지 않으면 안 된다. 파스칼은 어떤 때엔 감정의 말을 가지고 심정을 대신하고 다른 때엔 심정을 의지와 동일시하기도 한다. 그렇지만 그에게 심정은 본질적으로 감정과 의지를 포함하는, 그것들보다도 높은 차원의 것이었다. 여기서 높은 차원이란 단지 이론적인 포섭관계에 있어서 높은 차원임을 말하는 것이 아니라 오히려 구체적인 생의 입장에 있어서 높은 차원의 생에 속함을 뜻한다. 감정이나 의지가 보통의 흔한 뜻으로 자연적인 생에 속하는 데 반해, 심정은 초자연적인 자비의 질서에 있는 생의 존재방법이다. 그런 까닭에 상징은 단순히 정념적인·의지적인 이해의 방법을 드러내는 개념으로서가 아니라 오히려 실제로 자비의 질서에서의 생 그 자체가 모든 존재와 마주치는 방법을 규정하고 있는 개념으로서 사고되지 않으면 안 된다. 이는 예컨대 다음과 같은 사정으로부터 쉽게 미루어 짐작할 수 있을 것이다. "의지는 자연스레 사랑한다."(81) 사랑은 의지의 자연적인 운동이다. "심정은 자연스레 보편적 존재를 사랑한다."(277) 심정의 운동의 본성도 또한 사랑이다. 의지와 심정의 작용은 동시에 사랑이면서, 그 둘의 사랑은 서로를 거스르고, 서로들 싸운다. 왜냐하면 의지가 자연스레 사랑하는 것은 자아이고 심정의 자연적인 사랑의 내용은 신이며 그래서 자아의 사랑은 신의 사랑의 무엇보다 거대한 장애이기 때문이다. 신의 진리를 알기 위해서는 '장애를 제거하는ôter les obstacles'(246) 것이 중요하다. 사랑 없이 신은 결코 보이지 않는다. 그런데 이 사랑이 자연적 질서에 있어서의 생에 속하는 것인 한에서, 그것은 오히려 신을 보는 데에 장애가 된다. 마치 상징이 자연적 질서의 생에 대한 이해의 방법에 속하는 한에서 신앙과는 아무런 관계도 없을 뿐만 아니라 오히려 그것의 방해가 되는 것처럼 말이다. 여기에서 상상력fantaisie이 심정과 구별되어야 하는 이유가 발견될 것이다. 상상력은 단지 그 직접적이고 비합리적인 성질 때문만이 아니라 모든 사물을 상징화한다는 점에서 무엇보다도 심정과 유사하다. 그러나 이 상징이 자연적인 상징이고 종교적 진리와 필연적으로 교섭하는 것이 아닌, 그리고 그런 뜻에서 우연적인, 외면적인, 허위적인 상징인 한에서 상상력은 심정과는 무엇보다도 반대된다. 상상력만큼 심정과 유사한 것은 없지만, 또한 상상력만큼 심정과 반대되는 것도 없다(274).

신의 진리는 자연적인 생을 사는 사람의 눈에는 보이지 않는 것이다. 그의 눈은 장애물로 차단된다. 종교의 진리는, 예를 들면 수학적 진리와 같이 그것에 눈길을 주자마자 누구에게나 틀림없고 분명하게 자기를 드러내는 것이 아니다. 신이란 "숨기는 신Dieu caché, Deus absconditus"(242)[1]이다. 절대적으로 증명적인 신의 진리는 존재하지 않는다. "거기에는 어떤 사람들을 밝게 비춰주고 다른 사람들을 어둡게 하는[혼란에 빠뜨리는] 빛과 어둠이 함께 깃들어 있다."(564) 거기에는 진리를 회피하는 자를 정죄하는 데에 충분하게 명증한 빛이 있다. 왜냐하면 그런 진리를 회피하게 하는 것은 이성 없는 정욕이기 때문이다. 동시에 거기에는 진리를 증명하는 데에 충분한 명증함이 없다. 왜냐하면 그런 진리를 따르게 하는 것은 이성 없는 사랑이기 때문이다. 신의 진리는 맹목이 된 정욕과 완고

••
1. [이는 단편 242번의 문장들·인용들 속에 들어있다. "성서는 신이란 '숨은 신'이라고 말한다. 그리고 자연이 타락한 이후로 신은 인간을 눈먼 상태 속에 방치해 왔고, 인간은 오직 예수 그리스도를 통해서만 그 맹목에서 벗어날 수 있으며, 그리스도 없이는 신과의 모든 교제가 단절되고 만다고 가르친다. Nemo novit Patrem nisi Filius, et cui voluerit Filius revelare[신을 아는 자는 신의 아들과, 그 아들을 통해 신을 현시받는 자들뿐이다(「마태복음」 11: 27)]. 이것이 성서가 여러 곳에서 '신을 찾는 자만이 신을 보게 되리라'고 말할 때 우리에게 가르치는 것이다. 이는 우리가 대낮의 햇빛이라고 말하는 그런 빛이 아니다. 우리는 '대낮에 햇빛을 구하고 바다에 가서 물을 구하는 자가 그것을 얻을 것이다'라고는 말하지 않는다. 이렇듯 자연 속에서의 신의 증명이 그런 것이 아니라는 것은 필연적이다. 성경은 다른 곳에서 이렇게 말한다. Vere tu es Deus absconditus[참으로 당신은 자신을 숨기는 신이시다(「이사야」 45: 15)]."]

한 정신을 가진 자에게는 보이지 않는다. 그것은 오직 진정시키는 순수한 심정의 인간에게만 보인다.——"이처럼 정화된 심정을 지닌 인간에게만 순연한 신이 자기를 드러내는 것은 정당한 일이다."(737)——이와 같은 진리는 [자신을] 숨기는 신의 진리이기 때문에, 모든 사물에 존재하는 두 가지 의미 곧 상징 그 자체와 상징된 진리는, 하나는 표면적 의미sens littéral가 되고 다른 하나는 신비적 의미sens mystique가 된다. 생각건대 상징 그 자체는 하나의 현실로서 누구의 눈에라도 보이는 데 반해, 상징된 진리는 그[런 현실의] 이유로서 단순한 에스프리에 있어서는 숨겨져 있기 때문이다. 그리고 본래 상징은 보이는 것과 보이지 않는 것의 내면적 관계를 표현하는 데에서 그 고유한 의의를 드러내는 개념이다.

어떠한 사물 또한 얼마간의 신비를 품고 있다. 이 신비야말로 진리이면서 하나의 신비로서 육체의 눈에 의해 꿰뚫어 보이는 것이 허락되지 않는다. 그것은 오직 신앙의 이상한 새로운 빛에 의해 이해될 수 있을 뿐이다. 그래서 사람들은 자연적인 현실을 보고 그 현실의 이유를 곧바로 자연에 귀속시키지, 거기에 다른 이유가 있다는 것을 생각지 않는다(VI, 90). 그들은 현실의 이유를 재차 현실에서 구해 그것을 원리적으로 다른 것을 이유로 하는 현실로 해석하지 않는다. 그들은 현실의 이유의 연관이 그 스스로 오직 하나의 질서로서 존재하고 그런 질서 자체가 다른 높은 차원의 질서의 상징임을 모른다. 간단히 말하면 그들은 상징을 보되 그 상징이 상징하는 것을 보지 않는 것이다. 그러나 인간은 하나의 "배후의 사상pensée de derrière"(336)[2]을 갖고 그것으로부터 모든 것을 판단하지 않으면 안 된다. 그것이 불가능하다면 상징은 진리를 은폐하는 방해물에 지나지 않을 것이다. 그때 그 인간에게는 모든 사물이 신을 덮어 가리는 장막이다. 신앙 있는 자에게 상징(따라서 현실)은 신을 발견하는 계기·동인이고 신앙 없는 자에게 그것은 오히려 신을 은폐하는 장애이다. 즉 상징(따라서 현실)은 어떤 사람들에게 빛을 주는 동시에 다른 사람들에게는 어둠을 던지는 양면적 존재이다. 사물이 가진 이 양면적 성질을 이해하는 것은 중요하다. 파스칼은 "신이 어떤 사람들은 눈멀게 하고 다른 사람들은 밝게 비춰주는 것을 원했음을 원리로서 붙잡지 않는다면 사람들은 신의 일에 대해서는 그 무엇도 이해하지 못한 것이다"(556)라고 쓴다. 신의 진리의 상징으로서 사물이 가진 성스러운 성격은 초자연적인 빛 없이는 인식되지 않는다. 그런 까닭에 모든 사물은 신을 아는 자를 향해서는 신에

2. [이는 『팡세』의 다음 문장에서 인용된 것이다. "현상의 이유. 배후의 숨은 생각을 가져야 하고, 설사 평범한 사람처럼 말은 하더라도 이 배후의 생각으로 만사를 판단해야 한다."(336)]

대해 말하고, 신을 사랑하는 자를 향해서는 신을 드러내지만, 신을 모르는 모든 사람들을 향해서는 신을 은폐하는 것이다. 사람들은 상징이라는 것을 그것이 드러내는 것과의 사귐을 위한 도움으로 인지해야 함에도 상징을 실재 그 자체로 추단하여 오류에 빠진다. 그렇지만 상징은 어디까지나 상징이고 실재도 진리도 아닌 것이다. 여기에서 우리는 상징이 실로 단순한 상징이라는 것을 특별히 이해하지 않으면 안 될 이유를 발견할 것이다. "자비에까지 이르지 못하는 모든 것은 상징이다"(670)라고 파스칼은 써놓고 있다. 이 상징은 특히 단순한 상징을 의미했을 것이다.

상징을 단순한 상징으로서 방점 찍어 바라볼 수 있을 때, 진리 그 자체 또한 특별히 목적fin으로서 방점 찍어 이해할 수 있는 것이 된다. 신은 인간의 최후의 목적이다. 왜냐하면 신은 그의 존재 전체를 가득 채우고 그의 불안에 궁극적인 평화를 가져오기 때문이다. 그러나 사람들은 신을 자신의 생의 목적으로 하지 않는다. "모든 인간이 목적에 대해서는 조금도 숙고하지 않는다. 오로지 수단에 대해서만 생각하는 것을 보는 것은 탄식할 일이다."(98) 그들은 관습을 따르고 위락을 즐기고 외양으로 속이고 그들 자신을 눈멀게 한다. 계시의 빛을 박탈당한 인간에게는 별이나 하늘, 식물이나 동물, 혹사

병이나 기근 등 자연의 그 어떤 것도 신의 자리를 점할 수 없는 것이었다(425). 그들에게는, 보쉬에[프랑스 가톨릭 신학자(1627~1704)]의 말을 따르자면 '신 자신을 빼고는 다른 모든 것이 신이었던Tout était Dieu, excepté Dieu même'것이다. 그들에게는 신이 신의 힘을 드러내기 위해 만들었던 세계가 우상의 궁전이 되어 끝난 것처럼 보였던 것이다. 신을 인간 존재의 최후의 목적으로서 이해하는 것은 신의 은총에 속하는 것이고, 그런 이해 그 자체가 이미 그 기원을 직접적으로 신에게 안기는 것이다. "만약 신이 기원이 아니라면 적어도 신이 끝나는 일은 불가능할 것이다"(488)라는 말이 그런 사정을 뜻할 것이다. 이 목적에 이르기 위해서 생은 신에 의해 보이게 된 길을 따라 자비의 질서에까지 이르러야 한다. 자비의 질서에서 생에 고유한 이해의 방법은 곧 심정의 질서에 다름 아니다. 『팡세』속의 무엇보다 아름다운 단편 중 하나는 심정에 고유한 질서를 규정하고 있다. "이 질서는 언제나 목적을 보이기 위하여 인간이 그 목적에 관계시키는 각각의 항들로 갈라지고 또 넓어져가는 데에서 성립한다."(283) 심정은 신을 목적으로서 이해하는 능력일 뿐만 아니라 모든 존재로 확장되어가는 신을 언제나 그 목적으로 이끌어오는 작용이다. 그것은 모든 현실을 목적의 상징으로서 이해한다. 목적은 유일하다. 그런데 상징은 다양하다. 유일한 목적에 대해 다양한 상징이 존재한다는 것은 우연이 아니다. 파스칼이 그 이유를 말한다. "신은 이 유일한 자비의 규정을 다양하게 표징하여 다양성을 추구하는 우리의 호기심을 만족시킨다. 언제나 우리를 우리의 유일한 필요로 인도해가는 이 다양성을 통해서 말이다. 왜냐하면 필요한 것은 단 하나인데 우리는 다양성을 사랑하기 때문이다. 그래서 신은 우리를 유일한 필요로 인도하는 이 다양한 것들을 통해 둘 모두를 만족시킨다."(670) 유일한 목적은 다양하게 상징된다. 그러나 그 다양한 상징은 유일한 목적으로 귀일되고 있는 다양함이다. 이리하여 "모든 것은 하나이고, [동시에] 모든 것은 다양이다Tout est un, tout est divers."(116) 이미 플라톤이 신적인 기원을 가진 것처럼 말했던 저 ἕν καὶ πολλά[영혼·본질·정신]의 오래되고 존경할 만한 원리 또한 존재의 상징적 해석의 원리였다. 다양한 상징을 다양한 상징으로서 보는 것이 아니라 오히려 그것들을 유일한 필요에 관계시켜 이해하는 곳에서 심정의 원리가 상상력의 이해와는 다른 성질을 갖고 존재할 것이다. 다양함으로써 신이 자기를 현현한다는 것은 다양함을 구하는 인간의 허약함과 제한성에 대한 신의 사려를 표현하는 것이고, 또한 그 자체로서 인간에 대한 신의 사랑의 한 가지 상징일 것이다. 그리고 심정의 이해가 유일한 목적의 이해 속에 머물지 않고 오히려 끊임없이 다양한 현실로 향하는 것은 그런 목적을 항상 드러내기 위한 것에 다름 아니고, 또한 그 자체로서 신에 대한 인간의 사랑의 한 가지 상징일 것이다.——이처럼 종교에 있어서의 생의 해석은 현실과 현실의 이유 간의 관계를 상징과 진리의 관계로서뿐만 아니라 거듭 상징과 목적의 관계로서 해석하는 데에 이른다. 이는 정당하다. 왜냐하면 종교적 진리는 단지 이론적인 것이 아니라 동시에 실천적이고, 종교적인 이해의 방법은 명상적인 동시에 실천적이기 때문이다. 이런 뜻에서 상징적 해석은 곧 목적론적 해석이다. 그리고 다른 쪽에서 생각하면 목적론적 해석은 곧 상징적 해석이지 않으면 안 된다. 왜냐하면 진정으로 실천적인 지식은 순수하게 이론적이지 않기 때문이며 실천에 있어서 진정한 지혜는 언제나 상징적이기 때문이다.

2

"인간은 쾌락을 위해서 태어난다."(III, 126) "그는 행복함을 원하고 행복함 외에 다른 것을 원하지 않는다. 그리고 행복함을 원하지 않는 것은 불가능하다."(169) "모든 인간은 행복함을 구한다. 그것에는 예외가 없다. 그들이 행복을 구하기 위해 사용하는 수단이 아무리 다를지라도 그들은 모두 그 목적을 향해 노력하고 있다."(425) 이 사실이 의심의 여지가 없는 것과 같이, 다른 사실, 곧 일찍이 그 누구도 신앙 없이는 그가 끝없이 향하고 있는 그 지점에 도달할 수 없다는 사실 또한 부정하기 어렵다. 모든 이들은 탄식하며 호소한다. 귀족도 평민도, 늙은이도 젊은이도, 지식 있는 자도 무지한 자도, 건강한 자도 병든 자도, 모든 나라, 모든 시대, 모든 연령, 모든 경우의 인간 그 누구나 자기의 불행을 슬퍼하고 한탄한다. 우리의 현실은 비참함이다. 그렇지만 "우리에게 닿는, 우리의 목을 조르는 모든 비참한 광경을 보았음에도 우리는 스스로를 일으켜 세우려는 억제할 수 없는 하나의 본능을 갖고 있다."(411) 이 본능은 하나의 "진리의 관념idée de la vér-ité"(395)이다. 이 진리란 무엇을 말하는가. 그것은 하나의 종교적 진리, 곧 '원죄原罪, péché originel'의 진리이다. 행복에 대한 한없는 갈망과 그것의 획득에 대한 한없는 무력함이라는 것이 이미 인간에게는 참된 행복이 있었고 지금은 그 텅 빈 흔적밖에 남아있지 않다고 외치는 것이 아니라면 무엇이겠는가. 우리는 행복을 갖는 것이 불가능함에도 행복을 원하지 않을 수 없다. 이 억제하기 어려운 욕망은 우리를 벌하기 위해, 그러나 또한 우리로 하여금 우리가 어디로부터 타락했는가를 깨닫게 하기 위해 우리에게 남겨져 있다. 우리를 둘러싼 그 무엇도 우리를 가득 채울 수 없다는 것은, 우리가 껴안은 허공이 무한하듯 그것이 무한한 것에 의해서밖에는 달리 채워질 수 없음을 표현한다. 인간은 무한을 위해 만들어졌다. 그의 비참함은 그의 위대함을 말한다. 그리고 그것으로부터 우리는 인간의 본성이 오늘에는 타락해 부패한 것이 되고 있지만 예전에는 선량한 것이었음을 인지할 수 있다. 왜냐하면 지위를 박탈당한 왕이 아니라면 누가 왕이 아닌 것을 지금 불행이라고 생각하겠는가. 인간은 말하자면 "폐왕廢王, roi déposdé"(409)이다. 그의 비참함은 태수[지방장관]의 비참함이고, 그는 그가 높은 곳으로부터 추락한 만큼 한층 비참하다. 무릇 인간의 본성은 두 개의 방식으로 고찰된다. 하나는 그의 목적에 따라서인데, 그때 그는 위대하며 비교할 수 없는 자이다. 다른 하나는 다양성을 따라서이며, 그때 그는 비천하고 가치 없는 자이다. 우리는 우리의 현실이 비참임을 경험한다. 그러나 그럼에도 우리는 무한을 추구하는 본능을 가지고 있다. "두 가지가 인간에게 그 모든 본성을 가르쳐준다. 본능과 경험."(396) 하나는 참된 행복에 대한 동경이고 그것은 우리의 원시적 상태의 위대함과 완전함을 드러내며, 다른 하나는 우리의 현재 상태의 비참과 우리의 타락을 보여준다. 위대함과 비참함 사이의 인간 존재를 혼란시키는 모순의 이유는 원죄의 진리에 의해 명확해지고 있다. 종교는 이 모순을 종합적으로 해석하는 원리를 제출하면서 말한다. "너희는 이제 애당초 내가 너희를 창조했던 상태에 있지 않다."(430) 에픽테토스와 몽테뉴는 이 진리를 알지 못했던 까닭에 오류에 빠졌던 것이다. "나는 이들 두 교파의 잘못의 근원은 인간의 현재 상태가 신의 창조 상태와는 다르다는 것을 몰랐던 것에 있다고 생각한다"(IV, 52)고 파스칼은 말한다. 그래서 한 사람은 인간의 최초의 위대함에 눈을 맞추되 인간의 타락을 눈치채지 못했고 인간의 본성이 건전하되 인간 스스로 완전하다고 생각했으며, 거기서 오만의 정상에 이르렀다. 다른 한 사람은 인간의 현재의 비참을 감지했으되 그 인간의 최초의 고귀함을 모른 채 그의 본성이 회복의 전망이 없는 불치병에 걸렸다고 추단했고 이에 절망한 결과, 거기서 극단의 유흥과 나태에 빠졌던 것이다. 그런데 원죄의 진리는 단지 그들 두 개의 사상을 조합하는 것만이 아니라 그것들을 조화시키고 통일한다. 그것은 모든 부패한 것이 타락함의 성질에 속하고 모든 건전한 것이 창조됨의 성질에 속하는 것을 이해시키려 한다. 우리의 지식으로부터 가장 멀리 떨어진, 우리의 이성을 가장 거스르는 원죄의 신비는 놀랄 만한 것으로, 그것 없이는 우리가 우리 자신에 대해 어떠한 지식도 가질 수 없는 것이다. "이리하여 인간은 이 신비 없이는, 이 신비가 인간에게 불가해한 것보다도 한층 더 불가해한 것이 된다."(434)

그렇지만 그리스도교는 유대교의 상속자임과 함께 유대교의 수행자이자 그것의 완성자로서, 단지 우리에게 인간의 본성에 대해 설명하는 것만이 아니라 동시에 그것의 구제의 방법을 우리에게 교시한다. 이 진리는 신·인神·人, Homme-Dieu 으로서의, 속주贖主, Rédempteur[속죄하는 주]로서의 '예수 그리스도Jésus-Christ'이다. 첫째로 그리스도는 신·인으로서 인간 존재의 모순을 상징하는 진리이다. 복음서는 하나의 신적인 지혜에 의해 인간의 사상에서는 양립하기 어려운 위대함과 비참함 사이의 모순을 조화시킨다. 곧 그 모순은 "유일한 인격으로서의 신·인의 두 성질 간의 불가사의한 결합의 상징이고 결과이다."(IV, 54) 사람들에게 약속했던, 그리고 사람들로부터 기대되었던 신과 인간의 중재자는 다음과 같다. "모순의 근원.─십자가에서의 죽음에 이르기까지 스스로를 낮춰 욕보였던 신. 그 죽음에 의해 죽음을 이긴 구세주. 예수 그리스도의 두 가지 성질, 두 개의 생, 인간 본성의 두 상태.'(765)[3] 그렇게 파스칼은 무엇보다 의미심장한 문장들을 남기고 있다. "우리는 오직 예수 그리스도에 의해서만 신을 인식할 수 있으며, 예수 그리

3. [국역본들에서 인용해놓는다: "상반된 것들의 근원. 십자가의 죽음에 이르기까지 자기를 낮춘 신, 자기의 죽음으로 죽음을 이긴 메시아. 예수 그리스도 안의 두 본성, 두 강림, 인간 본성의 두 상태."; "모순의 기원. 십자가 위에서 죽기까지 했던 겸허한 신. 예수 그리스도의 두 가지 본성, 두 차례의 강림, 인간 본성의 두 가지 상태. 자신의 죽음에 의해 죽음을 이긴 메시아."]

스도에 의해서만 우리 자신을 스스로 알 수 있다. 우리는 예수 그리스도에 의해서만 생과 죽음을 알 수 있다. 예수 그리스도 밖에서 우리는 우리의 생, 우리의 죽음, 신, 우리 자신이 무엇인지를 알 수 없다."(548) 이리하여 "예수 그리스도는 모든 것의 목적이고, 거기로 모든 것이 향하는 중심이다. 그를 인지하는 자, 모든 것의 이유를 인지한다."(556) 이 지식은 모든 존재, 특히 인간의 존재에 이상한 빛을 던져준다. 십자가에 걸렸던 그리스도의 죽음과 이 죽음 자체에 의한 부활이 그의 유일한 인격에서 결합하고 있다는 것은, 우리 본성의 비참함과 위대함 사이의 모순의 존재 이유이고, 이 후자는 오히려 전자의 상징이다. 그렇지만 둘째로, 그리스도의 지혜는 단지 우리에게 인간에 관한 완전한 진리vérité entière를 가르치는 것만이 아니라 우리에게 완전한 덕parfaite vertu을 보여주기도 한다. 그리스도의 비참에 대한 앎 없이 신을 아는 것은 인간에게 위험하다. 왜냐하면 그것은 오만을 야기하기 때문이다. 속죄하는 주에 대한 앎 없이 그의 비참을 아는 것 또한 마찬가지로 위험하다. 왜냐하면 그것은 절망의 원인이 되기 때문이다. 사람들은 그의 비참에 대한 앎 없이 신을 알 수도 있고, 신에 대한 앎 없이 그의 비참을 아는 것도 가능할 것이다. 그러나 사람들은 신과 그의 비참을 전체로서 함께 아는 것 없이는 그리스도를 알 수 없는 것이다. 그래서 그리스도교는 오만과 나태라는 두 가지 악덕을 다스릴 수 있다. 그리스도교는 "현세의 지혜에 의해 어느 한쪽을 몰아냄으로써가 아니라 단지 복음을 통해 두 악덕 모두를 몰아냄으로써"(435) 그것들을 치료한다. 그것은 신성에 관계하기까지 높아진 의로운 인간에게로 향하고, 그가 여전히 타락의 근원을 짊어지고 있음을 깨우치고, 가장 연민해야 할 사람들에게 여전히 속죄하는 주의 은총에 관여할 수 있다고 외친다. 이는 그것을 의롭다고 생각하는 자를 전율케 하고 그것이 질타하는 자를 위로하면서 오만과 나태를 함께 몰아내는 공포와 희망la crainte et l'espérance을 수립한다. 사람들이 불안한 것은 정당하다. 왜냐하면 원시의 인간의 타락은 진리이기 때문이다. 사람들이 절망하는 것은 부당하다. 오히려 사람들은 공포를 희망으로 평온하게 하지 않으면 안 된다. 인간적인 것과 신적인 것의 두 성질을 결합하는 그리스도는 속죄하는 주로서, 인간을 그의 신적인 성질에서 신과 화해시키기 위해 인간의 죄를 짊어지고 죽음에까지 스스로를 낮추었다. 모든 인간의 죄는 예수 그리스도에 의해 대속되었다. 사람들은 희망을 가져서 좋고, 그리고 사람들은 그를 따른다. 우리는 그와 같이 사랑하고 그와 같이 스스로를 낮추지 않으면 안 된다. 겸손humilité이야말로 그가 가장 앞서 권하는 위대한 덕이다. 겸손이란 무엇보다도 자기 이외에는 미워하지 않는 것을, 신 이외에는 사랑하지 않는 것을 뜻한다. 그리스도는 인간에게 그들이 그들 자신을 사랑하고 있었음을 가르치는 것 이외에 다른 일을 하지 않았다. 그는 십자가에서의 죽음을 통해 인간이 자기 자신을 혐오해야 한다는 것을 보였다. 우리의 죄는 그리스도에 의해 대속되고 있는 까닭에 우리는 그리스도의 손발과 같이 살지 않으면 안 된다. 우리의 참된 행복은 신과 함께 있는 것에 있고 우리의 유일한 재앙은 신으로부터 떨어져 있는 것에 있다. 파스칼은 말한다. "만약 인간이 신을 위해 만들어진 것이 아니라면 어째서 그는 신 안에서만 행복할 수 있단 말인가."(438) 신과 인간을 매개하는 것은 속죄하는 주로서의 그리스도이다. 이 세계의 존재는 속죄하는 주의 진리의 상징일 것이다. "예수 그리스도 없이는 세계는 존속하지 못할 것이다. 왜냐하면 그때 세계는 붕괴되고 있거나 지옥처럼 되지 않을 수 없으니까."(556) 만일 속죄하는 주가 없었더라면 세계는 인간의 타락으로 인해 파멸하거나, 혹은 그 죄로 인해 지옥으로 변하고 말았을 것이다. "그러나 세계는 예수 그리스도에 의해서, 예수 그리스도를 위해서, 그리고 인간에게 그 타락과 구속[救贖]을 가르치기 위해서 존속하는 것이므로, 모든 것은 이 두 가지 진리를 증명하는 증거로서 반짝이는 것이다."(556)[4] 현실 세계의 존재는 속죄하는 주 그리스도의

· ·
4. [인용 부분의 앞뒤 문맥을 살려 인용한다: "만약 세계가 인간에게

진리의 상징이다.

이리하여 그리스도는 종교적 진리의 중심에 놓이게 된다. 여기서 우리는 파스칼의 종교사상에서 무엇보다 현저한 특색 하나를 발견한다. "예수 그리스도 없이 신을 아는 것은 단지 불가능한 것만이 아니라 무용한 것이다."(549) 파스칼은 신의 존재 또는 삼위일체 또는 영혼의 불사 등과 같은 것을 사람들이 안다고 하더라도 "그런 지식은 예수 그리스도 없이는 무용하고 헛된 것"이라고 주장하면서 "어떤 사람이 수(數)의 관계가 비물질적이고 영원하며 기초가 되는 신이라는 제1진리에 의존하고 있는 것임을 납득했다고 하더라도, 나는 그가 자신의 구원을 향해 많이 나아갔다고는 생각하지 않을 것이다"(556)라고 이어 말한다. 모든 것은 그리스도로 모인다. "인간의 참된 본성, 그의 참된 행복, 그리고 참된 덕, 그리고 참된 종교는 그것들에 대한 인식이 나누어질 수 없는 데에 있다"(442)고 그가 새로 쓸 때, 각기 떨어질 수밖에 없는 인식의 통일점이 그리스도인 것은 앞에서 서술했던 것에 의해 자연스레 분명해질 것이다. 그래서 나는 되풀이해 써놓으려고 한다. "예수

* *
신을 가르치기 위해 존속한다면 신성은 이론의 여지없이 도처에서 빛날 것이다. […본문의 인용 부분…] 그 안에서 나타나는 것은 신성의 전적인 결여도, 신성의 명백한 존재도 아니다. 반대로 숨은 신의 존재이다. 모든 것이 그런 특징을 지닌다."(556)]

그리스도는 모든 것의 목적이고, 거기로 모든 것이 향하는 중심이다. 그를 인지하는 자, 모든 것의 이유를 인지한다.'(556) 그리스도야말로 무엇보다도 구체적인 진리이다.

그래서 지금 특히 생의 해석에 관련해 생각한다면, 그리스도의 진리가 갖는 주목할 만한 성질은 그것이 인간 존재의 모순을 종합하는 원리라는 데에 있다. 철학은 생의 존재의 방법을 비참함과 위대함의 이중성에서 발견했다. 그런데 이 이중성은 하나는 비참함으로서 다른 하나는 위대함으로서 모순이다. 에스프리는 이 모순을 벗어날 수 있는 방법을 갖고 있지 않다. 생각건대 비참함은 위대함으로 귀결하고 위대함은 비참함으로 귀결한다. 한계 없는 순환에 의해 하나는 언제나 다른 하나로 이끌리기 때문이다(416). 한계 없는 순환으로 끝나는 모순을 종합하는 것은 유일한 인격에서 신적인 것과 인간적인 것의 두 가지 성질을 결합하는 그리스도이다. "예수 그리스도에 있어서만 모든 모순은 조화된다."(684) 그리스도는 조화되기 어렵다고 믿어지고 있는 것들을 종합한다(862). 그렇지만 이 종합의 원리는 단순한 에스프리로는 보이지 않는 것이다. 파스칼은 『팡세』 속의 무엇보다도 심원한 단편 하나에서 말한다. "이들은 모두 결과적 현상은 보았지만 원인을 보지는 못했다. 그들은 원인을 발견했던 사람들에 비하면 마치 에스프리를 가진 사람들에 대해 눈만 가진 사람들과 같다.

왜냐하면 결과는 감각으로 느껴지는 것이지만 원인은 오직 에스프리에 의해서만 보이는 것이기 때문이다. 그런데 그 결과적 현상들이 에스프리에 의해 보인다 할지라도, 이 에스프리는 원인을 꿰뚫어 보는 에스프리에 비해서는 마치 육체적인 감각기관이 에스프리에 대비되는 것과 같다."(234) 인용문 중에서 결과라고 칭해지는 것은 현실의 일이고, 원인이라고 칭해지는 것은 그것의 이유이다. 인용문의 앞부분에서 원인은 비참함이나 위대함과 같은 이유를 가리키고, 뒷부분에서 결과는 비참함과 위대함의 모순이라고 하는 현실의 이유로서 동시에 그 자신 또한 하나의 현실인 것을 가리킨다. 따라서 뒷부분에서의 원인은, 예를 들면 모순 그 자체의 이유를 뜻하고, 그런 까닭에 이 경우의 에스프리는 앞부분의 에스프리와는 다른 것으로서, 말하자면 높은 차원의 에스프리를 뜻한다. 거기서 파스칼의 사상은 분명하다. 모순의 이유를 보는 높은 차원의 에스프리──그것이 심정 그 자체가 아니라면 무엇이겠는가──가 에스프리를 초월하는 것은 마치 에스프리가 육체적인 감관을 초월하는 것과 같다. 여기서 우리는 생의 세 가지 질서 각각에 고유한 이해의 방법과 그것들 상호 간의 비연속성이 말해지고 있음을 알 수 있다. 모순의 종합의 원리는 오직 심정에 의해 볼 수 있을 뿐이다. 에스프리의 이해와 심정의 이해 사이의 이질성은 그것들이 상이한 차원에 있어서의 생이라는 것을 표현한다. 모순은 하나의 질서에 입각한 것이고 그것의 종합은 다른 질서에 입각한 것이다. 그런 모순이 논제論題적이지 않고 오히려 생의 존재방법 그 자체에 속하는 것처럼, 그 종합 또한 논리적이지 않고 오히려 생의 존재방법 그 자체에 속하는 것이다. 그러한 디알렉티크의 과정은 상승적으로는 상호 초월적이고, 그 각각의 단계는 절대적으로 이질적이다. 그렇지만 그것은 하강적으로는 내재적으로 있을 수 있을 것이다. 높은 차원의 질서는 낮은 차원의 질서를 언제나 자기의 상징으로서 이해하고 있기 때문이다.

이리하여 놀랄 만큼 천재적인 파스칼의 디알렉티크는 명료해진다. 현실의 모순을 종합하고 통일하는 것은 역시 사실이다. 그러나 그것은 무엇보다도 초자연적인 사실이다. 따라서 그것은 생의 자연적인 분석에 의해서는 발견될 수 없는 것이다. 게다가 이 초자연적인 사실은 그것 없이는 자연적인 생 그 자체도 이해되지 않게 하는 것이다. 이 지점에서, 생은 생 그 자체로부터 해석되어야 한다고 말하는 생의 철학 그 자신의 존경에 값하는 원리는 그 한계를 자각하지 않으면 안 될 것이다. 생은 순수하게 내재적인 분석에 의해서는 온전히 이해될 수 없는 성질을 그 스스로 짊어지고 있다. 생의 이해는 그것이 초월적인 것에 관계하여 해석될 때 비로소 완전하게 있을 수 있다. 거기에 생의 무엇보다 깊은 신비가 있다. 그 초월적인 것은 말할 것도 없이 동시에 내재적인 것으로 있지만, 그것은 전체로서 초자연적으로 있는 까닭에 에스프리로는 인식될 수 없는 것이다. 생의 내재적 해석의 한계는 곧 생의 철학 그 자체의 한계이기도 할 것이다. 철학은 본디 초월적인 것을 수립할 수 있다. 그러나 그것은 전체의 생에 있어서는 어디까지나 추상적이지 구체적인 생의 진리가 될 수 없다. 철학에 한계가 있는 것은 정당하다. 왜냐하면 비록 철학이라 할지라도 생의 한 가지 존재방법으로서 생의 한 가지 질서에 속하는 것에 지나지 않기 때문이다. 생의 한층 높은 질서에 있는 종교는 인간의 존재를 완전하게 해석한다. 그것은 생의 사실에 대한 곡해를 통해서가 아니라 생의 현실에 즉하여 그것의 의미와 연관을 이해시키려 한다. 그리고 파스칼은 종교가 그렇게 인간 존재의 상태와 그것의 이유를 만족되게 해석할 수 있다는 것에서 그것의 진리성이 입증된다고 생각했던 것이다. 그는 생의 사실에서 출발해 종교의 진리성을 명확히 하려고 한다. 그는 말한다. "종교의 인식으로부터 나를 무엇보다 멀리 떼어놓는 것처럼 보였던 이 모든 모순이 나를 무엇보다 빨리 참된 종교로 인도해주었던 것이다."(424) 종교는 사랑이면서 동시에 진리이다. 그래서 또한 파스칼은 말했다. "그리스도교의 진리 속에서 무엇보다 큰 것은 진리에 대한 사랑이다."(945)

옮긴이 후기

1-1. 효고 다쓰노 중학교에서 도쿄 제1고등학교로 진학한 미키 기요시(1897~1945)가 다른 게 아니라 '철학'을 하고자 했던 것은 『선^善의 연구』(니시다 기타로) 때문이었다. 미키가 교토대 문과에 들어가 니시다의 책들과 그 책들이 인용하고 있는 책들을 함께 읽게 되었던 첫해, 도쿄로부터는 종교학자 하타노 세이치가, 도호쿠로부터는 독일 관념론의 다나베 하지메가 교토대로 왔다. 청년 시절을 회고하면서 미키는 자신의 철학이 '사고방식'의 차원에서는 니시다의 영향을, '연구 방향'의 차원에서는 하타노의 영향을 받은 것이라고 적었다. 이후 미키가 '역사철학'을 중심으로 학문을 하게 되고, 고전기 그리스의 아리스토텔레스와 소크라테스를 읽게 되는 것, 그리고 머지않아 파스칼에 대해 쓰게 되는 것의 '먼 원인'은 하타노였다. 그의 종교학, 곧 『서양철학사요^{史要}』·『스피노자 연

구』·『기독교의 기원』 등은 미키의 이 첫 저작『파스칼의 인간
연구』(1926)를 성립시킨 먼 원인이면서도, 이후 미키 철학의
주요 방향성 하나를 가리키는 원체험적 각인 같은 것이었다고
도 할 수 있다. 미키는 자기 머리맡에 '성서'를 놓아두고 거듭
읽으며 감명 받았다고 적었다.

　　대학 졸업 이후 교토에서의 짧은 강사 생활을 끝낸 미키는
하타노의 소개와 이와나미 시게오의 자금으로 1922년 독일로
유학, 하이델베르크에서는 리케르트의, 이듬해 마르부르크에
서는 하이데거의 강의를 듣는다. 미키의 「독서편력」 속에 나
열되고 있는 당시의 책들을 『파스칼의 인간 연구』를 염두에
두고 일별해보면 다음과 같다. 아우구스티누스의 『삼위일체
론』, 하일러의 『가톨릭주의』·『기도』, 불트만의 『예수』, 그리
고 하이데거와 뢰비트로부터 촉발되어 읽게 되었던 바르트의
『로마서』·『하나님 말씀과 신학』 등. 특히 마르부르크 시절을
포함해 그 이후까지 서신왕래로 이어졌던 뢰비트와의 인연,
그의 '지도'는 청년기 미키의 독서편력을 결정짓는 주요한
영향력을 지닌 듯하다. 당시 하이데거의 조수였던 뢰비트는
일본인 유학생 미키에게 하이데거가 읽고 사고하고 정초하기
이전의 철학 텍스트들이 놓인 원문맥에 대해 소개했다. 더불
어 미키는 뢰비트에 의해 철학만이 아니라 '독일의 정신사
속으로 널리 인도'되었으며, 특히 당시 극심한 인플레 속의

독일 청년들을 사로잡았던 하나의 사조 속으로, 이른바 '불안의 철학과 문학' 속으로 이끌려 들어갔다. 그렇게 미키는 니체, 키르케고르, 도스토옙스키를 읽었다. 미키는 1930년대 초반 일본에서의 '불안의 철학'을 중심으로 한 논쟁의 중심에 섰고, 그런 논쟁의 동력이자 산물로서 『셰스토프 선집』을 편집했으며, 그 이전에 그런 불안의 철학과 문학이 일본에서 유행하기 위해 필수불가결한 것이었던 마르크스주의를 『파스칼의 인간 연구』에서의 인간학적 관점에 근거하여 재독해했고, 마르크스·엥겔스의 『독일 이데올로기』를 번역했다. 마르크스주의에 대한 미키의 이런 작업 의지는 이후 그가 치안권력에 의해 잠재적이고 실제적인 사상범으로, 예방구금의 대상으로 낙인찍히는 근거였으며, '교토학파 좌파'라는 이름의 카테고리 속에 미키를 편입시키고 이어 그를 좌파로부터의 전향자로, 동시에 그를 고노에 내각 국책연구기관인 쇼와연구회의 동아협동체 이데올로그로 환원·처분하는 근거이기도 했다.

1-2. 2년간의 독일 생활 뒤에 미키는 파리로 갔다. 그의 프랑스행은 독일행과는 달리 특정한 목적의식을 가지고 있지 않았으므로 사고와 운신의 폭이 그만큼 넓었는지도 모른다. 이 책 『파스칼의 인간 연구』는 그곳 파리에서 마지막 한 장을 남기고 완성되었던바, 이를 둘러싼 저간의 사정은 다음과 같

은 미키의 문장들로 알 수 있다. "그러는 동안 나는 우연히 파스칼을 손에 넣었다. 파스칼에 관해선 이전에 레크람판 독역본으로『팡세』를 읽었던 기억이 남아있는 정도였다. 그런데 이번엔 이 책이 나를 붙잡고 놓아주지 않았다.『팡세』에 대해 생각하면 하이데거 교수로부터 배웠던 학문이 살아나는 듯했다. '그래 프랑스의 모럴리스트를 연구해보자'고 결심했고 먼저 파스칼의 전집, 몽테뉴의『에세』, 라브뤼예르의『카락테엘』등등을 모으기 시작했다. 뷔네의『16~7세기의 모럴리스트』를 읽고 여러 가지 자극을 받았다. 내 관심의 중심은 역시 파스칼이었다. '그래 파스칼에 관해 써보자'고 결심했던 것이다. 그제야 마르부르크에서의 키르케고르, 니체, 도스토옙스키, 바르트, 아우구스티누스 등등의 독서가 살아나는 듯했다. 스트로우스키의『파스칼』, 부투르의『파스칼』등 문헌을 모아 읽기 시작했다.『팡세』는 내 침대머리맡의 책이 되었다. 깊은 밤 조용히 이 책을 읽으면, 말할 수 없는 고독과 적요 속에서 혼자 눈물 흘리게 될 때가 여러 번 있었다. 원고용지를 갖고 있지 않았기 때문에 나는 괘선지에 먼저「파스칼의 인간 분석」이라는 논문을 썼다. 이런 것이 철학 논문으로서 받아들여질지 어떨지 불안을 느끼면서 나는 그것을『사상』에 보냈다. 그리고 계속해 파스칼론을 써나갔다. 이리하여 완성된 것이『파스칼의 인간 연구』였고, 다이쇼 15년에 나의 처녀작으로 출판되었다. 그 중 마지막 한 장은 일본에 돌아와 교도에서 쓴 것이지만 나머지 부분은 파리의 하숙집에서 쓴 것들이다."(「독서편력」, 『전집』1권) 그렇게 『파스칼의 인간 연구』는 다이쇼의 마지막 해에 출판되었고, 이른바 '쇼와 10년대'의 미키 철학의 싹들을 품고 있었다.

2-1. 미키의 파스칼에게 인간 또는 인간의 생이란 '운동'하는 존재, '질문'하는 존재, 질문하지 않을 수 없고 질문해야만하는 '길 위'의 동적 존재였다. 미키의 독서편력 속에 들어있던한 사람, 곧 키르케고르의 인간학과 동시적이며 등질적으로,미키의 파스칼은 '불안'과 '공포와 전율'이 생의 '근본경험'으로서의 운동과 질문을 존재의 방법이 되게 하는 '무한한 지반'이라고 말한다. "세계 속에 있는 인간의 존재에 수반되는 근원적 상태성은 공포이며 전율이다. 우리들은 두 개의 심연 사이에서 두려움과 떨림으로 인해 편안할 곳을 알지 못한다." 질문하는 생, 곧 '철학'이 탄생하는 장소가 바로 거기 공포와 전율인바, 공포의 불안은 철학을 분만하는 산파역이었다. "이 공포, 이 경악에 의해 움직여지는 자는 세계란 무엇인가라는질문에 이를 것이다. 그리고 그 질문은 시원적으로는 무엇보다 하나의 철학이다." 불안 속에서 생은 안주할 수 없으며,그때 생은 운동성의 존재이고, 무한적 불안의 공포 속에서

유동하는 인간은 '세계란 무엇인가'를 항구적으로 질문해야만 하는 존재, 질문이라는 존재의 방법을 파지하는 자이다. 그런 유동적 불안 속에서 수행되는 질문, 곧 세계란 무엇인가라는 그 질문의 힘/방향은 필연적으로 생의 '확실성'에 대한 요구로 향한다.

> 우리가 요구하는 것은 생의 운동성에 최후의 궁극적 종합을 부여하는 확실성이다. 그러나 어떻게 우리는 그런 확실성에 도달할 수 있는가. 아우구스티누스는 말한다. "나는 신과 영혼을 알고자 한다. 그 외에 또 있는가? 그 외엔 아무것도 없다.Deum et animam scire cupio. Nihilne plus? Nihil omnino.[『고백록』의 한 문장]"; 내가 운동하는 시간은 하나의 불가항력적인 찰나, 저 햄릿이 "The time is out of joint"라고 절규한 곳의 위기와 만나는 것이다. 그것은 우리들 존재의 종말이고 τέλος[텔로스·목적·본원]이다.

질문하는 생의 운동성에 '최후의 궁극적 종합을 부여하는 확실성'이란 다름 아닌 신이다. 그런 확실성을 부여하는 힘의 존재가 신 이외엔 없다고 말하는 아우구스티누스의 신은 불안과 공포 속의 현실적 생이 불가항력적이고 불가피하게 마주칠 수밖에 없는 '위기의 순간·찰나'와 등질적인 것이며, 미키에겐 그런 위기의 생동하는 종합력을 표현하는 말이 저 햄릿의 대사였다. '시간이 경첩(joint/cardo)에서 탈구되어있다.' 이른 바 죽느냐 사느냐, '이대로냐 아니냐'의 문제, 달리 말해 '이것이냐 저것이냐'라는 '결단'의 문제, 곧 시간의 탈구라는 위기적 · 전율적 상황과의 마주침을 수행하는 결정, 지금 여기가 탈구된 시간이 분만되고 있는 위기의 상황이라고 결단하는 힘의 존재론. 파스칼 독자로서의 미키는 이렇게 쓴다. "파스칼이 추구하는 것은 이론적 증명이 아니라 오히려 의지의 결단의 근거이다"; "하나의 질서는 다른 질서에 대해 초월적이다. 거기서는 단지 '이것이냐-저것이냐'의 최후결단적인 태도, 자기 전체의 존재를 통한 비약만이 의미를 지닐 뿐이다. 이 진리를 경험할 때 인간은 공포에 전율하지 않을 수 없을 것이다." 최후적 결단, 그 최종심의 법정이 운동하고 질문하는 존재의 장소이며, 그 장소에서의 탁월한 거주함은 그런 최후적 결단이 전 존재적 비약의 과정/소송과 공포/위기의 순간이 항시 서로를 조건짓고 있는 시공간 속에서만 성립한다. 미키가 "철학자 햄릿"(『전집』 19권)이라고 명명했던 존재의 그 이름, 그 이름으로 날인됨으로써 창출되는 상황, 곧 최후적 결단의 힘의 발현상황은 미키가 『현대의 기록』(1939)에서 논구하고 있는 '비상시와 민주성'의 상관관계를, 이른바 "지혜의 질서"(『전집』 19권)의 상태를 앞질러 표현하고 있다.

2-2. 파스칼의『팡세』속에서, 또는 미키의 파스칼에게서 신학적/정치적 힘의 형질이 어떻게 사고되고 있는지를 질문하며 읽었던 역자에게『파스칼의 인간 연구』는 크게 두 갈래로 나뉘는 것이었고, 향후 더 논구되어야 할 그 갈래들 중 하나는 위와 같이 '파스칼의 신'의 이름으로 날인되는 '결단과 질서'의 사상(사) 비평이며, 다른 하나는 중일전쟁(1937)의 진군하는 군대와 마주한 미키 철학, 곧 제국의 형이상학과 존재론을 실험했던 미완성 프로젝트로서의『구상력의 논리』 (1937. 5~1943. 7. 이후 투옥되고 옥사함으로써 중단됨)가 스스로의 기점으로 삼고 있는 '신화' 비판이다. 이 두 갈래는『파스칼의 인간 연구』가 '미키 철학의 기초를 놓은 책'으로서 이후 그의 인간학적 유물론, 역사철학론, 위기론, 파토스론, 전체주의론, 종교론(특히 정토종·신란 연구), 문학론 등의 맹아를 품은 책이라는 기존의 평가 곁에서, 미키의 철학을 또 하나의 비평/비판의 주제로 다시 문제화하고 다르게 재구할 수 있으리라는 가설에 따른 것이었다.

'신화'가 정치와 결합하는 일, 다시 말해 전통 속의 신화가 제국적 '통치'의 정당성 근거를 확대재생산하는 유혈적 힘이라는 사고의 안팎에서 미키는『구상력의 논리』1부「신화」를 작성했다. 신화는 현실의 생을 제국적 질서의 질료로 합성하는 '원형적'이고 '초역사적인' 힘, 그러므로 '신의 입장에 서려는 것'이었으며, 그것은 파스칼의 신과 대비된다. 『구상력의 논리』에서 한 대목을 인용한다. "직관적 오성intuitiver Verstand이 이른바 원형적 지성intellectus archetypus으로서 무한한 것, 즉 신의 입장에 선 것임에 대해, 구상력의 논리는 어디까지나 인간의 입장에 머무는 것이지 않으면 안 된다. (…) 구상력의 논리는 신의 입장에 서려고 했던 직관적 오성의 논리를 본래의 인간의 입장으로 되돌리려고 하는 것이지 않으면 안 된다. 그것은 초역사적인 직관적 오성의 논리를 본래의 역사적인 입장으로 전환하는 것이지 않으면 안 된다.'(『전집』 8권) 앎의 형질을 결정하는 직관성·원형성·초역사성 또는 신성, 다시 말해 제국의 질서를 위해 현실의 생을 질료화하는 신화적 통치술로서의 '신의 입장'. 그런 신화적/신적 힘의 존재론을 거스르려는 '구상력의 논리'는 그러한 통치적 힘을 '본래의 인간의 입장'으로 되돌리려 하며, '본래의 역사적 입장'으로 전환시키려 하는 힘의 다른 존재론이다. 『구상력의 논리』라는 미키의 최후 저작은 『파스칼의 인간 연구』라는 미키의 최초 기점에 걸리며, 그 걸림돌/디딤돌은 무엇보다도 중일전쟁 이후라는 특정한 정세 속에서 수행된 '신화'론으로, 제국주의적/자본주의적 통치 정당성의 정지 및 쇄신론으로, 동아협동체라는 다른 정치체의 정당성을 근거짓는 아포리아/난제로, 그런 정립의 방법으로서의 신화/신론으로, 다시 그런 방법

의 원천이자 저수지로서의 『파스칼의 인간 연구』로 드러난
다.

마르크스주의자 히로마쓰 와타루는 미키 기요시를 포함
해 이른바 '근대의 초극'을 논했던 이들 일체를 '천황제를
정점으로 한 국가독점 자본주의의 사회구조를 승인하는 이데
올로기'로, 이데올로기적 '악마와의 도당'으로 판결한 바 있
다. 그것을 다케우치 요시미의 '사상 비판'과는 구별되는 '이
데올로기 비판'으로, 히로마쓰 자신의 비판적 정열과 책임의
자세를 지탱하지 못하는 외삽적/이론적 비판으로 판단한 이
는 쑨거였다. 관건은 히로마쓰가 말하는 아포리아로부터의
탈출이 아니라 다케우치가 말하는 동결된 아포리아의 재―문
제화이다(혹은 그런 히로마쓰적 탈출의 요구와 다케우치적
재―문제화의 관계를 다시 다르게 설정하는 일이다). 이른바
'독으로 독을 제어하기'―이 한 구절은 '사상으로서의 근대
의 초극'을 구성하는 3항 관계, 곧 '일본낭만파'라는 독(종말론
또는 사상의 멸종론)으로 '교토학파 우파'라는 독(절대무 또
는 역사의 종언론)을 제어하려 했던 '문학계 그룹'을 동시에
표현하는 다케우치의 키워드이다―와 필연적으로 유착된
아포리아를 유산으로 상속받고 다시 문제화하기 위한 '비판'
으로서의 정치―신―론. 그 비판, 그 비판력에의 의지 속에, 왜
90년 전의 이 책 『파스칼의 인간 연구』를 오늘 번역하는가라

는 물음을 향한 응답 하나가 들어있다. 그리고 그런 응답은 다시 한 번, 미키가 기다리면서도 동시에 출범시키고 있는 결단의 사상으로—동시에 그런 결단의 실패와 폭력으로의 전화로—표현될 수 있을 것이다. "하나의 궁극적인 의지결정이 나를 기다리고 있다. 나는 이미 출항하고 있는 것이다."

2017년 1월
교토에서
윤인로

추신: 이 책의 초벌 번역을 긍정적으로 협의해주셨던 기획위원 선생님들께, 특히 직접적인 '창구窓口'가 되어 번역과 출간을 위해 조언해주셨던 조영일 평론가께 감사드린다. 낯선 이에게 환대를 베풀고 이후의 만남을 기약해주신 도서출판 b의 조기조 시인께, 세세한 손길로 원고에 선명한 형상을 부여해주신 백은주·김장미 두 분 선생님께 또한 감사드린다. 간사이국제교류센터의 여러분들께, 귀 기울여 들어주신 다나카 테츠야田中哲哉 선생님께 감사드린다.

파스칼의 인간 연구

초판 1쇄 발행 2017년 4월 26일

지은이 미키 기요시
옮긴이 윤인로
펴낸이 조기조

펴낸곳 도서출판 b
등   록 2003년 2월 24일 제316-12-348호
주   소 08772 서울시 관악구 난곡로 288 남진빌딩 401호
전   화 02-6293-7070(대) 팩시밀리 02-6293-8080
홈페이지 b-book.co.kr 이메일 bbooks@naver.com

ISBN 979-11-87036-23-4   03160

값_12,000원

* 잘못된 책은 교환해 드립니다.